디자인 사고 및 컴퓨팅 사고의
이해와 응용

**파이썬으로
배우는
소프트웨어
디자인**

국립중앙도서관 출판시도서목록(CIP)

이 도서의 국립중앙도서관 출판예정도서목록(CIP)은
서지정보유통지원시스템 홈페이지(http://seoji.nl.go.kr)와
국가자료종합목록 구축시스템(http://kolis-net.nl.go.kr)에서 이용하실 수 있습니다.

CIP제어번호 | CIP2020006739

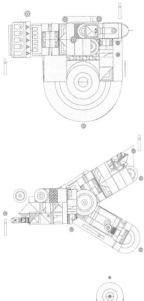
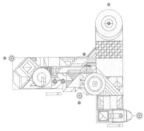
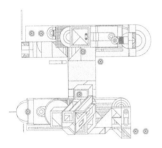

디자인 사고 및 컴퓨팅 사고의
이해와 응용

파이썬으로
배우는
소프트웨어
디자인

김홍준 지음

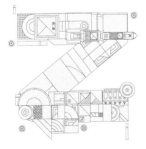

INFINITYBOOKS
인피니티북스

1971년부터 세계경제포럼(World Economic Forum)을 이끌어오고 있는 클라우스 슈밥(Klaus Schwab) 교수가 2016년 스위스 알프스의 조그만 스키 리조트인 다보스(Davos)에서 제창한 4차 산업혁명 시대에서 우리는 살고 있다. 마찬가지로 세계경제포럼의 '미래의 직업' 보고서에 따르면, 현재에 비해 수요가 증가하는 직무의 관련 능력들은 '복잡한 문제 해결 능력', '사회적 기술', '시스템적 능력' 등으로 결국 개개인의 창의성과 대인관계의 중요도가 증가하고 있다는 것을 알 수 있다. 즉, 인공지능이 해결할 수 없는 문제를 분석하고 분해하는 등의 작업을 통해 문제를 다시 정의하고, 컴퓨터를 활용하여 해결하는 역량을 갖춘 인재가 필요하다.

이 같은 역량은 디자인 사고, 컴퓨팅 사고 그리고 시스템 사고 등의 용어로 정리된 통합적인 사고의 개발을 통해 얻을 수 있을 것이다. 본 책은 특히 디자인 사고와 컴퓨팅 사고를 키울 수 있도록 내용을 구성하고 모든 학과의 학생들이 배울 수 있도록 비교적 입문하기 쉬운 파이썬을 도구로 활용한다. 가능한 문법 위주의 내용은 최대한 지양하고, 기본적인 조건문, 반복문을 구현하여 여러 가지 프로그래밍을 할 수 있게끔 유도한다. 프로그래밍의 재미를 느낄 수 있도록 거북이 그래픽 모듈을 주로 이용하여 프로그램 실행을 눈으로 확인할 수 있도록 한다.

본 책은 크게 두 부분으로 나뉜다. 중간고사 전 1장부터 7장까지는 파이썬을 이용한 기본적인 프로그래밍 방법을 배우면서, 다양한 프로그래밍 패러다임도 함께 이해할 수 있도록 소개하였다. 중간고사 이후인 8장부터 12장까지는 디자인 사고 과정을 수행해봄으로써 디자인적 방법론에 익숙해지도록 하고, 컴퓨팅 사고의 핵심요소들을 소개하고 예제들을 통해 실습해봄으로써 체득화 할 수 있도록 구성하였다. 중간고사 이전에는 주로 프로그래밍에 대한 학습 성취도를 평가하고, 중간고사 이후에는 팀 별 프로젝트를 통한 자기주도 및 협업 역량의 향상에 대해 평가하는 것을 권한다.

김홍준

	주제	**1장 소프트웨어 디자인 교과 개요**
1주	강의내용	• 소프트웨어 디자인 교과를 배우는 이유와 학습목표 • 디자인 사고와 컴퓨팅 사고의 개념과 그 중요성 • 도구로서의 파이썬의 특징, 개발환경 구축 • 파이썬의 대화형 모드와 스크립트 모드
	학습목표 및 성취기준	• 교과 목표를 이해 • 디자인 사고와 컴퓨팅 사고의 개념과 필요성 이해 • 파이썬 특징 알기
	주제	**2장 거북이 그래픽 모듈 사용하기 I**
2주	강의내용	• 거북이 그래픽 모듈 알아보기 • 객체의 의미 • 거북이 그래픽 모듈 사용 준비 • 거북이 모양 바꾸기 • 거북이 초기 위치 및 방향 알아보기 • 거북이 이동/회전 시키기 • 배경 바꾸기 • 펜 올리기/내리기
	학습목표 및 성취기준	• 순차적 프로그래밍 패러다임 이해 • 거북이 그래픽 모듈 사용 방법 익히기(1)
	주제	**3장 거북이 그래픽 모듈 사용하기 II**
3주	강의내용	• 정수와 변수 • 변수 정의 • 한 줄/여러 줄 주석 • 기본 연산자의 종류 • input 함수 • 자음 그리기 • 모양 크기 변경하기 • 펜 굵기 변경하기 • 펜/배경 색 변경하기 • 색칠하기 • 원 그리기
	학습목표 및 성취기준	• 변수 이해 • 주석의 필요성 알기 • 사용자로부터 입력받기 • 거북이 그래픽 모듈 사용 방법 익히기 (2)

4주	**주제**	**4장 함수**
	강의내용	• 함수의 의미 • 여러 가지 함수의 형태 • 함수 정의 • 함수 활용법 • 함수화 • 함수의 장점 • Procedural 프로그래밍 패러다임
	학습목표 및 성취기준	• 함수의 의미, 입력과 출력, 정의, 사용법 이해 • 함수화 원리 이해 • Procedural 프로그래밍 패러다임 이해
5주	**주제**	**5장 조건문과 반복문**
	강의내용	• 순차 구조, 선택 구조, 반복 구조 • 관계 연산자 • 조건문 구현 • 논리 연산자 • 반복문 구현(for, while) • 난수 생성
	학습목표 및 성취기준	• 순차 구조 외에 선택 구조와 반복구조 이해 • 조건문과 반복문 구현 방법 습득
6주	**주제**	**6장 리스트와 파일 입출력**
	강의내용	• 리스트의 필요성 • 리스트 선언 및 사용법 • 리스트를 for 반복문에 활용 • 최댓값과 최솟값 구하기 • 리스트 내 리스트 항목 넣기 • 파일 열기, 읽기, 쓰기, 닫기, 위치포인터 이동하기 • 문자열 분리하기 • 음악 파일 재생하기
	학습목표 및 성취기준	• 리스트의 필요성을 이해하고 활용법 습득 • 파일 활용하는 방법 익히기

7주	주제	**7장 이벤트와 쓰레드**
	강의내용	• 이벤트 기반 프로그래밍의 특징과 장점 이해 • 이벤트 핸들러 등록하는 방법 익히기 • 거북이 그래픽 모듈에서 키보드, 마우스 이벤트 핸들러 등록 • 쓰레드 이해하고 사용법 익히기 • 여러 개의 이미지 파일들을 이용하여 모션 구현하기
	학습목표 및 성취기준	• 리스트의 필요성을 이해하고 활용법 습득 • 이벤트 기반 프로그래밍 패러다임 이해 • 이벤트 핸들러 등록하기 • 쓰레드 개념 이해하고 활용법 익히기
8주	주제	**중간고사**
	강의내용	중간고사
	학습목표 및 성취기준	중간고사
9주	주제	**8장 디자인 사고와 컴퓨팅 사고**
	강의내용	• 디자인 사고의 정의 • 디자인 사고 프로세스의 각 단계별 의미와 방법 • 컴퓨팅 사고의 정의 • 컴퓨팅 사고의 구성요소 • 팀 구성
	학습목표 및 성취기준	• 디자인 사고의 이해 • 디자인 사고 프로세스 이해 • 컴퓨팅 사고의 요소 이해
10주	주제	**9장 문제 분해**
	강의내용	• 몇 가지 예시를 통해 문제 정의 및 해결 단계 실습 • 컴퓨팅 사고의 핵심요소인 '분해'의 의미 • 팀 프로젝트 최종 주제 선정 및 설계
	학습목표 및 성취기준	• 문제 정의 및 해결 단계 이해 • 분해(decomposition) 요소 이해

11주	주제	**10장 추상화와 패턴인식**
	강의내용	• 추상화의 의미 • 단순화와 일반화로 표현되는 추상화의 단계 • 재귀 함수의 원리 및 구조 • 재귀 함수 실습 • 패턴 인식 • 거북이 그래픽 모듈 외에 자주 쓰이는 파이썬 모듈 알아보기 • 팀 프로젝트 구현
	학습목표 및 성취기준	• 추상화(abstraction) 요소 이해 • 패턴 인식(Pattern Recognition) 요소 이해
12주	주제	**11장 알고리즘(1)**
	강의내용	• 알고리즘 이해 • 의사 코드와 순서도 • 알고리즘 분석 이유 및 중요성
	학습목표 및 성취기준	• 알고리즘(algorithm) 요소 이해 • 알고리즘 설계 및 분석 • 팀 프로젝트 구현
13주	주제	**11장 알고리즘(2)**
	강의내용	• 정렬 알고리즘의 필요성 • 데이터 교환 • 버블 정렬 이해하고 실습하기 • 선택 정렬 이해하고 실습하기 • 파이썬 내 정렬 명령 내리기 • 탐색 알고리즘의 중요성 • 순차 탐색 알고리즘 이해하고 실습하기 • 이진 탐색 알고리즘 이해하고 실습하기
	학습목표 및 성취기준	• 정렬 알고리즘 이해 • 탐색 알고리즘 이해 • 팀 프로젝트 구현(통합 및 고도화)

	주제	12장 인공지능 및 기타
14주	강의내용	• 막대 그래프 그리기 • matplotlib 패키지를 이용한 산점도 그리기 • 런길이 인코딩 실습, 압축의 원리 • Tic-Tac-Toe 게임 내 컴퓨터 AI 구현해보기 • 퍼셉트론 실습을 통해 인공 신경망의 시작 맛보기 • 팀 프로젝트 발표
	학습목표 및 성취기준	• 알고리즘 및 기타 모듈을 이용한 여러 가지 프로그램 구현해보기
	주제	기말고사
15주	강의내용	기말고사
	학습목표 및 성취기준	기말고사

CHAPTER
01
—
개요

1. 4차 산업혁명 시대에 갖추어야 할 사고와 파이썬 2

1.1. 디자인 사고 2

1.2. 컴퓨팅 사고 3

1.3. 파이썬(python) 4

2. 파이썬 개발환경 5

2.1. 파이썬 개발환경 구축 5

2.2. 파이썬의 대화형 모드 11

2.3. 파이썬의 스크립트 모드 14

CHAPTER
02
—
거북이 그래픽 모듈
사용하기 I

1. 거북이 그래픽(turtle graphics) 20

2. 거북이 그래픽 사용 준비 22

3. 거북이 그래픽 사용하기 22

3.1. 거북이 모양 바꾸기 22

3.2. 거북이 초기 위치 및 방향 26

3.3. 거북이 이동 및 회전시키기 I 26

3.4. 배경 바꾸기 29

3.5. 거북이 이동 및 회전시키기 II 30

3.6. 펜 올리기 및 내리기 33

CHAPTER

03

—

**거북이 그래픽 모듈
사용하기 II**

1. 변수(variables)와 주석(comments)   36

    1.1. 변수(variables)   36

    1.2. 주석(comments)   36

    1.3. 두 마리의 거북이 만들기   37

    1.4. 변수 사용의 장점   38

2. 산술 연산자(arithmetic operator)   39

3. 사용자로부터 입력받기   40

    3.1. input() 함수   40

    3.2. 예제1: 원의 넓이 계산하기   42

    3.3. 예제2: 점수 합계와 평균 점수 계산하기   43

4. 펜으로 그리기   43

    4.1. 자음 그리기   43

    4.2. 모양 크기 변경하기   47

    4.3. 펜 굵기 변경하기   48

    4.4. 펜 및 배경 색 변경하기   49

    4.5. 색칠하기   56

    4.6. 원 그리기   57

CHAPTER

04

—

함수

1. 함수의 뜻과 분류   62

2. 함수 정의   63

    2.1. 입력과 출력이 모두 없는 함수   64

    2.2. 입력만 있고 출력은 없는 함수   66

    2.3. 입력은 없고 출력만 있는 함수   67

    2.4. 입력과 출력이 모두 있는 함수   68

3. 함수화   68

4. 함수의 활용   72

5. Procedural 프로그래밍   75

CHAPTER
05
—
조건문과 반복문

1. 순차 구조, 선택 구조 그리고 반복 구조   80

2. 관계 연산자(relation operator)   81

3. 조건문(conditional)   83

4. 논리 연산자(logical operator)   85

5. 반복문(loop)   87

    5.1. while문   88

    5.2. for문   89

    5.3. 예제1: 네모 그리기   91

    5.4. 예제2: 바람개비 그리기   92

6. 난수 생성   96

    6.1. 예제1: 숫자 맞추기 게임   96

    6.2. 예제2: 가위바위보 게임   98

CHAPTER
06
—
리스트와 파일 입출력

1. 리스트   102

2. 리스트의 반복문 활용   103

   2.1. 예제1: 스파이럴 그리기   104

   2.2. 예제2: 최댓값, 최솟값 구하기   105

   2.3. 예제3: 여러 개의 네모 그리기   106

3. 파일 입출력   108

   3.1. 파일 열기   109

   3.2. 파일 닫기   109

   3.3. 파일 쓰기   110

   3.4. 파일 읽기   111

   3.5. 파일 포인터   112

4. 문자열 분리   114

   4.1. 예제: 해밀턴 경로 따라가기   115

5. 음악 파일 재생하기   118

   5.1. 내장 플레이어 이용   118

   5.2. playsound 모듈 이용   118

CHAPTER
07
—
이벤트와 쓰레드

1. 이벤트 기반 프로그래밍(event-driven programming)   122

2. 이벤트 핸들러(event handler) 등록하기   122

3. 이벤트의 종류   123

   3.1. 마우스 관련 이벤트   123

   3.2. 키보드 관련 이벤트   125

4. 예제: 미로 탈출 게임 내 버튼 만들기   128

5. 쓰레드(thread)   132

6. 모션 구현하기   136

CHAPTER

08
—
디자인 사고와 컴퓨팅 사고

1. 디자인 사고(design thinking)   142

1.1. 공감하기   143

1.2. 정의하기   144

1.3. 아이디어 떠올리기   145

1.4. 프로토타입 만들기(prototyping)   147

1.5. 테스트하기   148

2. 컴퓨팅 사고(Computational Thinking)   149

CHAPTER

09
—
문제 분해

1. 문제와 문제의 해결   156

1.1. 예제1: 들판의 참새 떼   156

1.2. 예제2: 수련   159

1.3. 예제3: 불쌍한 파리   159

1.4. 예제4: 용수철의 길이 구하기   160

1.5. 예제5: 금화 나누기   161

2. 분해(decomposition)   163

CHAPTER

10

—

추상화와 패턴 인식

1. 추상화(abstraction)   168

   1.1. 예제1: 공 낙하 궤적 시뮬레이션   169

   1.2. 예제2: 공 맞추기 게임   170

2. 재귀 함수(recursive function)   172

   2.1. 팩토리얼(factorial)   174

   2.2. 등차수열   174

   2.3. 피보나치(Fibonacci) 수열   175

3. 패턴 인식(pattern recognition)   176

   3.1. 예제: 두더지 게임   177

4. 자주 쓰이는 파이썬 모듈   181

   4.1. requests   181

   4.2. scrapy   181

   4.3. Pillow   181

   4.4. pygame   182

   4.5. NumPy   183

   4.6. SciPy   183

CHAPTER

11

—

알고리즘

1. 알고리즘 개요   186

2. 의사코드(pseudo code)   187

3. 순서도   187

4. 알고리즘 설계 및 구현   189

5. 알고리즘 분석   194

     5.1. 예제1: 1부터 100까지의 합   194

     5.2. 예제2: 최대공약수 구하기   197

6. 정렬(sorting) 알고리즘   201

     6.1. 버블 정렬(bubble sort)   204

     6.2. 선택 정렬(selection sort)   207

7. 탐색(search) 알고리즘   209

     7.1. 순차 탐색(a.k.a. sequential search)   209

     7.2. 이진 탐색   211

CHAPTER

12

인공지능 및 기타

1. 막대그래프 그리기   216

2. 산점도(scatter plot) 그리기   218

3. 런 길이 부호화(Run Length Encoding, RLE)   222

4. Tic-Tac-Toe 게임   223

5. 퍼셉트론(perceptron)   227

     5.1. 예제: OR 연산   230

CHAPTER

01

개요

학습목표

- 디자인 사고, 컴퓨팅 사고의 개념과 그 중요성을 이해한다.

- 파이썬 개발환경을 구축하고, 파이썬의 특징에 대해서 학습한다.

- 파이썬의 대화형 모드와 스크립트 모드에서 명령을 내릴 수 있다.

1. 4차 산업혁명 시대에 갖추어야 할 사고와 파이썬

4차 산업혁명 시대의 인재가 갖추어야 할 사고로서 디자인 사고, 컴퓨팅 사고, 시스템 사고가 언급되고 있다. 이 세 가지 사고는 서로 간 겹치는 영역이 존재하고, 각각은 디자이너, 소프트웨어 개발자, 시스템 설계 및 분석자들만이 익혀야 할 사고가 아닌 4차 산업혁명 시대를 살아가는 모든 분야 종사자들에게 필수적인 사고로 인식된다. 우선, **디자인 사고(Design Thinking)**는 본래 디자이너들이 소비자들의 니즈를 파악하여 제품을 설계, 구현하는 **디자인 방법론**이다. **컴퓨팅 사고(Computational Thinking)**는 도출된 문제를 **문제 분해**, **패턴 인식**, **자료 표현**, **추상화**, **알고리즘**이라는 요소를 통해 컴퓨터로 해결하기 위한 사고이고, **시스템 사고[1](Systems Thinking)**는 전체적인 관점에서 피드백 구조에 초점을 둔 사고이다.

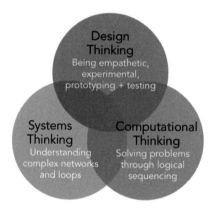

그림 1.1 디자인 사고, 컴퓨팅 사고 그리고 시스템 사고

컴퓨팅 사고는 디자인 사고과정 내 프로토타이핑(prototyping)과정에 적용이 가능하다. 디자인 사고과정을 통해 문제를 도출하고 도출된 문제의 해결을 위해 컴퓨팅 사고를 활용하는 형태의 학습은 문제해결능력을 향상시켜 다양한 문제 상황에 능동적으로 대처할 수 있게 하고, 더 나아가 사회 현상의 단면만을 보지 않고 그 본질을 꿰뚫어볼 수 있는 통찰력을 기를 수 있게 한다.

1.1. 디자인 사고

디자인 사고과정(Design Thinking Process)은 깊이 공감하기(empathize), 문제 정의하기(define), 아이디어 찾기(ideate), 프로토타이핑(prototyping), 현장 테스트(test) 단계로 진행되고 각 단계에서 수행해야 할 내용은 다음과 같다.

---

1 특정 시점의 현상이나 결과 그 자체보다는 이를 결정하는 시스템 구조(구성요소 간 상호작용 메커니즘)의 파악에 초점을 둔다.

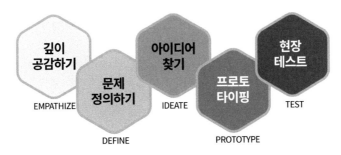

그림 1.2 디자인 사고과정(Design Thinking Process)

- **깊이 공감하기**: 상태 및 상황을 세심하게 관찰하여 문제를 파악 및 발견한다.

- **문제 정의하기**: 문제가 생기는 이유를 생각하면서 점점 범위를 좁혀 문제를 정의한다.

- **아이디어 찾기**: 문제를 해결하기 위한 여러 가지 다양한 아이디어를 모색한다.

- **프로토타이핑**: 선정된 아이디어를 빠르게 구현하여 시제품(프로토타입, prototype) 형태로 만든다.

- **현장 테스트**: 아이디어의 가치를 평가하는 단계로 시제품을 통해 피드백을 얻고 개선 작업을 통해 최종 결과물을 구현한다.

1.2. 컴퓨팅 사고

컴퓨팅 사고는 컴퓨터가 효과적으로 수행할 수 있도록 문제를 정의하고, 그에 대한 답을 기술하는 것이 포함된 사고 과정이다. 문제 분해, 패턴 인식, 추상화, 알고리즘, 자동화 등의 핵심요소로 구성된다.

그림 1.3 컴퓨팅 사고의 텍스트 마이닝(Text Mining)

1.3. 파이썬(Python)

파이썬은 귀도 반 로섬(Guido van Rossum)이라는 네덜란드 출신의 프로그래머가 1989년에 처음 만든 프로그래밍 언어로, 그는 이후 파이썬의 기원에 대해 다음과 같이 언급하였다.

"1989년 12월, 저는 사무실 문이 닫히게 되는 크리스마스 주중에 저의 '취미'가 될 만한 프로그래밍 프로젝트를 찾고 있었고, 결국은 새로운 스크립트 언어를 만들기로 결정했습니다."

Language Ranking: IEEE Spectrum

Rank	Language	Type			Score
1	Python	⊕	🖥 ⊚		100.0
2	Java	⊕ 📱	🖥		96.3
3	C	📱	🖥 ⊚		94.4
4	C++	📱	🖥 ⊚		87.5
5	R		🖥		81.5
6	JavaScript	⊕			79.4
7	C#	⊕ 📱	🖥 ⊚		74.5
8	Matlab		🖥		70.6
9	Swift	📱	🖥		69.1
10	Go	⊕	🖥		68.0

그림 1.4 파이썬의 창시자인 '귀도 반 로섬'

그림 1.5 프로그래밍 언어 순위

대표적인 전기전자공학 기술 관련 국제 조직인 IEEE은 매년 프로그래밍 언어 순위[2]를 발표하고 있다. 웹, PC, 모바일, 임베디드 등 분야에 따라 주로 사용되는 프로그래밍 언어가 다르기 때문에 순위 자체의 의미는 중요하다고 보기 힘들지만(실제로 발표된 순위에 대한 갑론을박이 이루어지고 있다.) 1위에 위치한 프로그래밍 언어는 파이썬이다. 파이썬의 특징은 다음과 같다.

- 프로그래밍 언어들 중 비교적 **배우기 쉬운 언어**이다.
- 커뮤니티가 발달하여 유용한 **오픈소스 라이브러리**를 찾기 쉽다.
- 초보자들뿐만 아니라 인공지능, 금융, 생명공학, 물리, 화학, 수학 등 거의 모든 분야에서 전공자들도 사용하고 있다.
- 프로그램 메모리 및 수행 속도 측면에서는 한계가 있다.

한마디로 파이썬은 범용적이고 읽기 쉬우면서도 단순한 프로그래밍 언어이다. 프로그래밍 언어들 중에는 비교적 쉬운 문법(syntax)을 가지고 있기 때문에 초보자들이 쉽게 배울 수 있는 언어이다. 또한 다양한 분야에 종사하고 있는 많은 사람들이 파이썬을 사용하여 코드를 작성하고 이를 공유하므로 필

---

2   "The Top Programming Languages 2019", Article of IEEE Spectrum, https://spectrum.ieee.org/computing/software/the-top-programming-languages-2019

요한 기능을 수행하는 프로그래밍 코드들을 인터넷상에서 쉽게 찾아 쓸 수 있다. 따라서 개발 속도가 빨라져 개발자들이 선호하는 언어 중 하나이다. 하지만, 일부 언어와 비교했을 때 프로그램 메모리를 더 많이 사용하여 수행 속도가 느릴 수 있다. 그럼에도 불구하고 파이썬은 초보자를 위한 교육용 언어일 뿐만 아니라 인공지능, 생명공학을 비롯한 다양한 분야에 종사하는 실무 개발자들이 널리 사용하는 프로그래밍 언어이다.

단순히 문법 위주의 교육이 아닌 디자인 사고와 컴퓨팅 사고를 기르기 위한 도구로는 쉬운 문법을 가지고 있는 파이썬이 적절하다. 디자인 사고과정 내 프로토타이핑 단계에서 파이썬을 활용하여 소프트웨어를 제작함으로써 디자인 사고와 함께 컴퓨팅 사고를 학습해보자.

그림 1.6 파이썬 기반의 컴퓨팅 사고

2. 파이썬 개발환경

2.1. 파이썬 개발환경 구축

파이썬으로 코딩하여 실행하기 위해서는 파이썬 프로그램 설치가 필요하다.

01. 먼저, 파이썬 웹사이트(https://www.python.org)에 접속하여, 'Downloads' 항목을 클릭한다.

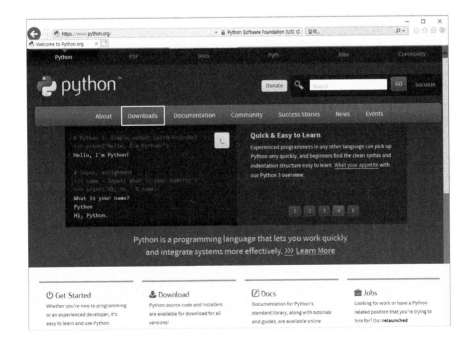

02. 설치하고 있는 컴퓨터의 운영체제(OS, Operating System)가 Windows라면 이동한 웹페이지에서 바로 'Download Python' 버튼을 눌러 설치파일을 받을 수 있지만, 현재 운영체제를 고려하여 설치하려면 'Windows'나 'Mac OS X'를 클릭한다.

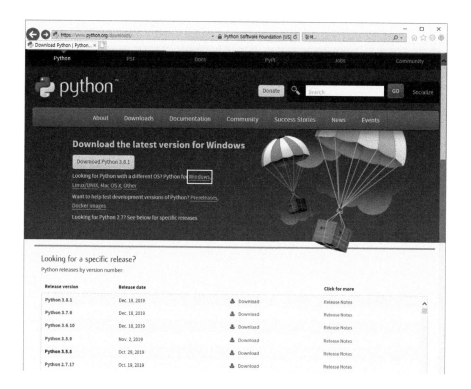

03. 파이썬 버전2와 버전3는 서로 호환되지 않는다. 본 교재는 버전3 환경에서 실행하므로 버전3 중 최신 버전을 클릭한다. 'Windows'를 클릭하는 경우, 스크롤하여 해당 웹페이지의 하단으로 이동하면 여러 가지 파일들을 볼 수가 있는데 선택하기 전에 설치하려는 컴퓨터 운영체제에 대해 좀 더 알아볼 필요가 있다.

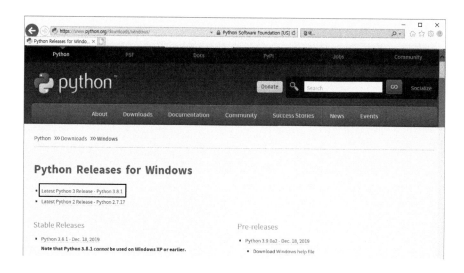

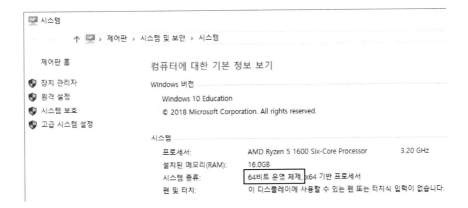

Files

Version	Operating System	Description	MD5 Sum	File Size	GPG
Gzipped source tarball	Source release		e18a9d1a0a6d858b9787e03fc6fdaa20	23949883	SIG
XZ compressed source tarball	Source release		dbac8df9d8b9edc678d0f4cacdb7dbb0	17829824	SIG
macOS 64-bit installer	Mac OS X	for OS X 10.9 and later	f5f9ae9f416170c6355cab7256bb75b5	29005746	SIG
Windows help file	Windows		1c33359821033ddb3353c8e5b6e7e003	8457529	SIG
Windows x86-64 embeddable zip file	Windows	for AMD64/EM64T/x64	99cca948512b53fb165084787143ef19	8084795	SIG
Windows x86-64 executable installer	Windows	for AMD64/EM64T/x64	29ea87f24c32f5e924b7d63f8a08ee8d	27505064	SIG
Windows x86-64 web-based installer	Windows	for AMD64/EM64T/x64	f93f7ba8cd48066c59827752e531924b	1363336	SIG
Windows x86 embeddable zip file	Windows		2ec3abf05f3f1046e0dbd1ca5c74ce88	7213298	SIG
Windows x86 executable installer	Windows		412a649d36626d33b8ca5593cf18318c	26406312	SIG
Windows x86 web-based installer	Windows		50d484ff0b08722b3cf51f9305f49fdc	1325368	SIG

'파일 탐색기'를 실행하고 '내 PC'를 오른쪽 클릭하여 맨 아래에 위치한 '속성'을 클릭하면 다음과 같은 '시스템' 화면을 볼 수 있다.

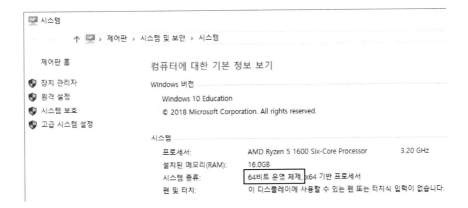

04. '64비트[3] 운영체제'라면 'Windows x86-64'로 시작하는 파일들 중 하나를 선택하고, '32비트 운영체제'라면 'Windows x86'으로 시작하는 파일들 중 하나를 선택하여 다운받는다.

05. 다운받은 설치파일을 실행하면 설치(setup) 과정이 시작되는데 창을 보면 'Add Python 3.x to PATH'가 비활성화되어 있다. 이를 활성화하고, 'Customize installation'을 클릭한다.

3　이진수 1자리를 비트(bit)라고 한다. 64비트 운영체제는 이진수 64자리로 이루어진 명령어를 취급하는 운영체제라는 의미이다.

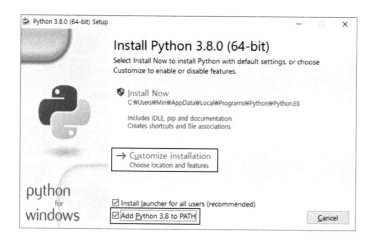

'Add Python 3.x to PATH'는 현재 설치하는 파이썬 프로그램의 위치를 'PATH'라는 환경 변수[4]에 추가하겠다는 의미이다. 여러 가지 환경 변수 중 'PATH'는 어떤 위치(폴더)에서도 실행할 수 있는 파일들의 경로를 미리 설정해두기 위한 환경 변수이다. 파일 탐색기를 실행하고 '내 PC'를 오른쪽 클릭하여 맨 아래에 위치한 '속성'을 클릭하면 '시스템' 윈도우가 나타난다. '시스템' 윈도우의 왼쪽 메뉴 중 '고급 시스템 설정'을 클릭하면 '시스템 속성' 윈도우가 나타나는데 '고급' 탭을 선택하면 아래 부분에 '환경 변수' 버튼이 보인다. 이를 클릭하면 'PATH'를 비롯한 여러 가지 환경 변수 값들을 보거나 편집할 수 있다.

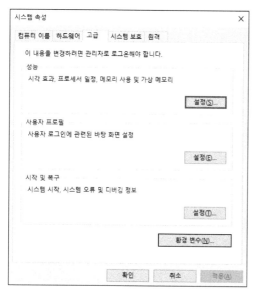
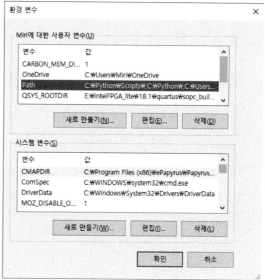

---

4 컴퓨터에서 프로그램들이 동작하는 방식에 영향을 미치는 동적인 값들의 모임이다.

06. 다음 설치 화면인 'Optional Features'는 'Next' 버튼으로 넘기고, 'Advanced Options' 화면이 나타나면 설치 디렉터리를 'Browse' 버튼을 이용하여 적절히 선택하거나 새로운 디렉터리로 입력한다. (본 교재에서는 'C:₩Python'을 추천한다.) 이후, 'Install' 버튼을 클릭하면 설치가 시작된다.

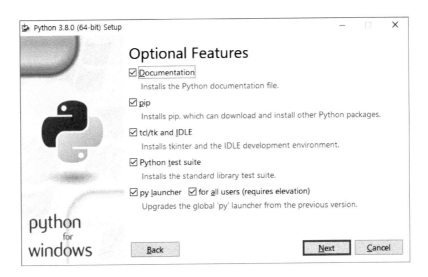

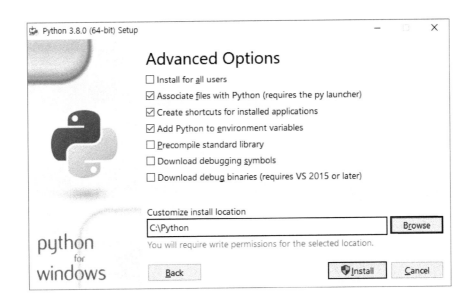

07. 설치가 성공적으로 되었다는 윈도우가 나타나고,  버튼을 누르면 파이썬 개발환경이 설치된 것을 확인할 수 있다.

2.2. 파이썬의 대화형 모드

파이썬 개발환경은 '대화형(interactive) 모드'와 '스크립트(script) 모드'라는 두 가지 실행 모드가 있다. 이 중 '대화형 모드'는 사용자가 한 줄씩 명령어를 전달하면 파이썬 인터프리터(interpreter)[5]가 이를 해석하여 실행한 후, 실행 결과를 보여주는 방식으로 마치 대화하는 것처럼 보인다.

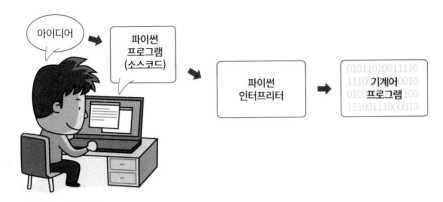

그림 1.7 파이썬 인터프리터의 기능

대화형 모드로 파이썬 프로그램을 실행하는 방법은 아래와 같이 두 가지가 있다.

01. 명령 프롬프트 실행 후, 'python'을 입력한다(🪟와 R키를 동시에 누르면 나타나는 '실행' 윈도우에 'cmd'를 입력하거나, 🔍을 누르고 '명령 프롬프트'로 검색하여 실행).

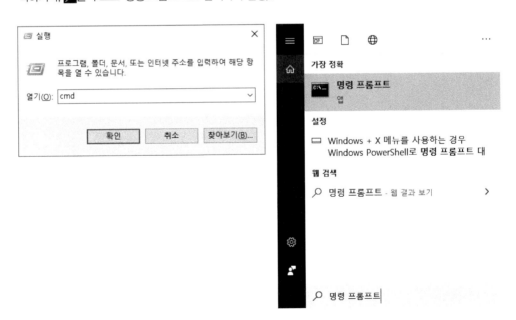

---

5   파이썬 코드를 해석하여 컴퓨터가 알아들을 수 있는 '기계어'로 바꾸어준다.

02. 프로그램 목록에서 'Python 3.x'를 실행한다.

두 가지 방법 모두 '>>>'로 표시되는 파이썬 쉘(shell)[6]이 나타난다.

```
C:\WINDOWS\system32\cmd.exe - python                                    —   □   ×
Microsoft Windows [Version 10.0.17134.1069]
(c) 2018 Microsoft Corporation. All rights reserved.

C:\Users\Miri>python --version
Python 3.8.0

C:\Users\Miri>python
Python 3.8.0 (tags/v3.8.0:fa919fd, Oct 14 2019, 19:37:50) [MSC v.1916 64 bit (AMD64)] on win32
Type "help", "copyright", "credits" or "license" for more information.
>>> print('Hi, python!')
Hi, python!
>>> 3+5
8
>>> number = 3
>>> if(True):
...     print(number,'is lucky number in korea')

3 is lucky number in korea
>>>
```

※ 파이썬 프로그램을 설치할 때 파이썬 프로그램의 위치(디렉터리)를 PATH 환경 변수에 추가해주었기 때문에, 어떤 위치(디렉터리)에서도 'python'을 입력하면 파이썬 쉘이 나타나면서 파이썬 인터프리터를 동작시킬 수 있다.

파이썬 쉘에 명령어를 입력하면 그 실행 결과가 나타난다. 기본적인 산술 연산(+, −, *, /)이나 대입 연산(=), 출력(print) 명령어들을 전달해보자.

---

6   사용자와 컴퓨터 사이에 위치하면서 사용자의 명령을 입력받아 이를 해석하고 그 처리 결과를 화면에 표시해주는 시스템 프로그램이다.

```
>>> print('Hi python!')
Hi, python!
>>> 3+5
8
>>> number = 3
>>> if True:
∨∨∨∨print(number,'is lucky number in korea')
∨∨∨∨
3 is lucky number in korea
```

위 예제에서 if로 시작하는 명령어 아래에 위치한 print명령어는 if로 시작하는 명령어에 속해있고, 이는 **일정한 간격의 들여쓰기**(indentation)를 통해 그 의미를 전달한다. 들여쓰기 간격은 일정하기만 하면 관계는 없으나 **4칸의 공백**(space)을 넣는 것이 일반적이다. 이와 같은 약속을 통해 여러 줄 입력도 가능하다.

```
>>> def luckyNumber(number):
∨∨∨∨if number == 3:
∨∨∨∨∨∨∨∨print(number,'is lucky number in Korea.')
∨∨∨∨elif number == 7:
∨∨∨∨∨∨∨∨print(number,'is lucky number in America.')
∨∨∨∨elif number == 8:
∨∨∨∨∨∨∨∨print(number,'is lucky number in China.')
∨∨∨∨elif number == 9:
∨∨∨∨∨∨∨∨print(number,'is lucky number in Vietnam.')
∨∨∨∨
>>> a = 7
>>> luckyNumber(a)
7 is lucky number in America.
>>> luckyNumber(9)
9 is lucky number in Vietnam.
```

하지만, 한 글자라도 틀릴 시 이전의 모든 명령어를 다시 입력해야 하고, 같은 소스코드(source code)[7] 라도 이를 저장할 수 없어 필요할 때마다 매번 다시 입력해야 한다. 이와 같이 대화형 모드는 간단한 소스코드를 실행해보는 용도가 아니라면 사용하기 불편하고 **재사용성**(re-usability)[8]이 떨어진다.

---

[7] 프로그래밍 언어로 기술한 글이며 명령어들의 집합이다.

[8] 한 번 작성한 코드를 큰 수정 없이 계속 재사용할 수 있음을 뜻하며 프로그램 품질을 결정하는 특성 중 한 가지이다.

2.3. 파이썬의 스크립트 모드

파이썬의 스크립트 모드는 IDLE를 실행하여 진입할 수 있다. IDLE는 **통합개발환경(Integrated DeveLopment Environment)**의 약자로 소스코드를 입력할 수 있는 편집기(editor), 소스코드를 해석해주는 인터프리터(interpreter), 그리고 오류를 수정하기 위한 디버거(debugger) 등 프로그램을 개발하기 위해 필요한 도구들을 포함한 개발환경을 뜻한다. 앞서 설치한 IDLE 외에도 범용적인 IDE인 Visual Studio, 파이썬 전문개발자용 IDE인 PyCharm 등이 있다.

그림 1.8 Visual Studio의 파이썬 확장(Python Extension) 설치 화면

그림 1.9 PyCharm 로고

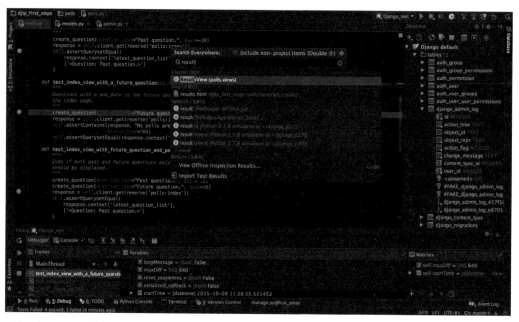

그림 1.10 PyCharm 실행 화면

스크립트 모드는 소스파일, 즉 스크립트를 파일로 저장하여 실행하는 것을 의미한다.

파이썬의 소스코드는 **스크립트**라고도 불리는데 그 이유는 파이썬이 스크립트 언어[9]에 속하는 프로그래밍 언어이기 때문이다. 스크립트 언어는 컴파일 언어로 배치되는 개념으로 **명령어를 한 줄씩 해석하여 처리하는 인터프리터**로 실행되고, 컴파일 언어는 명령어들을 한꺼번에 해석하는 컴파일러로 실행파일이 만들어진다는 차이가 있다.

이제 스크립트 모드로 파이썬 코드를 작성하여 실행시켜보자.

01. 프로그램 목록에서 IDLE(Python 3.x)를 실행한다.

설치된 IDLE를 찾아서 실행하면 파이썬 쉘이 나타나므로 대화형 모드로도 명령어를 전달할 수 있다.

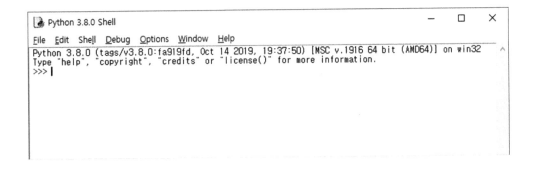

---

9   스크립트 언어는 컴파일 언어로 배치되는 개념으로 명령어를 한 줄씩 해석하여 처리하는 인터프리터로 실행되고, 컴파일 언어는 명령어들을 한꺼번에 해석하는 컴파일러로 실행파일이 만들어진다는 차이가 있다.

02. 'File' 탭에서 'New File' 항목을 실행하면 열리는 새로운 윈도우에 코드를 작성한다.

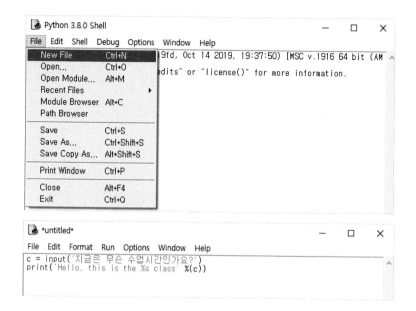

03. 다음과 같은 코드를 작성해보자.

```python
c = input('지금은 무슨 수업시간인가요?')
print('Hello, this is the',c,'class')
```

※ input은 사용자로부터 키보드 입력을 받을 수 있도록 하는 명령어이다.

04. 'File' 탭에서 'Save As' 혹은 'Save' 항목을 실행하여 작성한 코드를 파일로 저장한다.

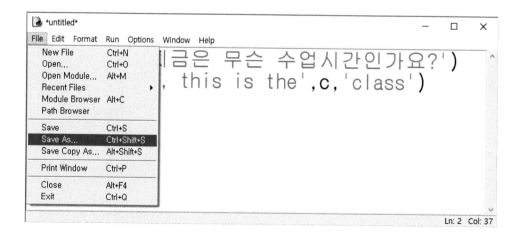

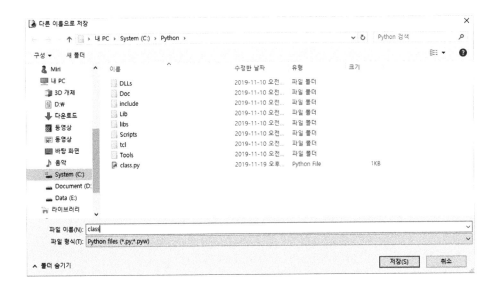

05. 'Run' 탭의 'Run Module' 항목을 클릭하여 실행하고, 실행결과는 Shell 윈도우에서 볼 수 있다.

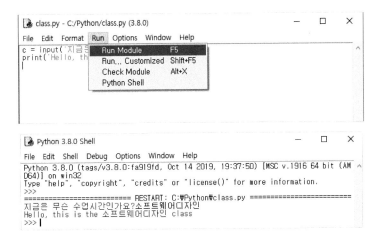

01. 앞에서 설명한 파이썬 프로그램 설치 방법을 따라서 개인 PC에 파이썬을 설치해보자.

02. 대화형 모드(shell)에서 다음 문장들을 실행해보자.

```
>>> print('hello python!')
>>> 2**3
>>> number=2; number**3
```

03. 대화형 모드와 스크립트 모드의 차이점에 대하여 설명해보라.

거북이 그래픽 모듈
사용하기 I

학습목표

■ 순차적 프로그래밍(Sequential Programming) 패러다임에
  대해 이해한다.

  ■ 거북이 그래픽 모듈을 가져와 사용하는 방법을 익힌다.

1. 거북이 그래픽(turtle graphics)

거북이 그래픽 모듈은 직진, 회전 등 간단한 명령어들의 조합으로 그림을 그릴 수 있는 모듈이다. 1967년 시모어 오브리 페퍼트(Seymour Aubrey Papert)[10]가 개발한 코딩 로봇이 그 시초로, 'Logo'라는 교육용 프로그래밍 언어로 간단한 명령어들을 조합하여 움직여 그림을 그렸던 코딩 로봇이다. 그림을 실제로 그리는 것이 아니라 컴퓨터의 디스플레이 장치에서 그림을 그리는 형태로 바뀐 것이라 볼 수 있다.

그림 2.1 시모어 페퍼트와 코딩 로봇

파이썬에서는 거북이 그래픽 모듈을 기본적으로 포함하고 있고, 이를 활용하여 그림을 그릴 수 있다. 파이썬 거북이 그래픽 모듈은 **배경 윈도우(Screen)**와 **거북이(Turtle)**라는 2개의 객체(object)로 구성된다. Screen 객체는 그림의 배경, 즉 캔버스 역할을 하고 Turtle 객체가 그 위에서 움직이면서 그림을 그리게 된다. Turtle 객체의 모양은 파이썬 거북이 그래픽 모듈에서 지원하는 기본 모양을 선택할 수도 있고 임의의 비트맵[11] 이미지를 활용할 수도 있다.

---

10 최초의 어린이용 컴퓨터 코딩 프로그램 '로고'의 개발자이자 AI 연구의 주춧돌이 된 '퍼셉트론', 창의에 대한 혁명적 교육철학서 '마인드스톰'의 저자이다.

11 화면상의 각 점들을 화소 단위로 구분하여 색상을 표현하는 이미지 표현 방식으로 이미지를 벡터로 표현하는 벡터 방식과 대비된다.

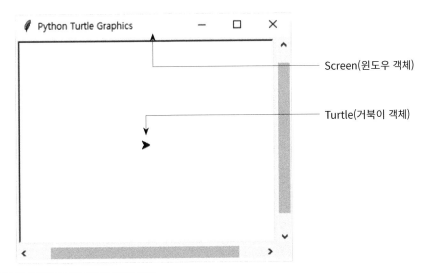

Screen(윈도우 객체)

Turtle(거북이 객체)

그림 2.2 파이썬 거북이 그래픽 모듈의 2가지 객체

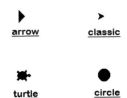

그림 2.3 Turtle 객체의 기본 제공 모양(shape)

그림 2.4 Turtle 객체 모양으로 설정할 수 있는 임의의 비트맵 이미지 예

한편, **객체**라는 것은 주변에서 볼 수 있는 동물이나 사물을 가리키는 것으로 모두 **'상태'**와 **'행동'**이라는 두 가지 요소를 가지고 있다. 예를 들어, 강아지라는 객체의 상태는 '이름', '꼬리 길이', '배고픔' 등이고, 행동은 '짖다', '꼬리를 흔들다', '공을 물어오다' 등이 있을 수 있다. 컴퓨터과학에서도 객체라는 것의 의미는 유사하여 **객체의 상태를 나타내는 '데이터(data)'**와 **객체가 취할 수 있는 행동이나 동작(behavior)를 나타내는 '명령(함수 또는 메소드(method))'**이라는 요소를 가진다. 예를 들어, Turtle 객체의 데이터는 현재 위치와 방향, 색깔, 선 굵기 등이고, Turtle 객체의 명령은 앞/뒤로 이동하기, 회전하기, 원 그리기 등이다. 객체를 기반으로 하는 프로그래밍을 객체지향 프로그래밍이라고 하며, 파이썬은 강력한 객체지향 프로그래밍 언어이다.

2. 거북이 그래픽 사용 준비

01. import turtle

거북이 그래픽 모듈과 같이 이미 개발된 모듈을 가져다 쓰고 싶을 때 'import' 명령어를 사용한다.

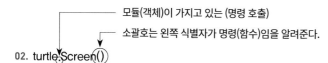

모듈(객체)이 가지고 있는 (명령 호출)

소괄호는 왼쪽 식별자가 명령(함수)임을 알려준다.

02. turtle.Screen()

Screen 객체를 생성하여 그림의 배경이 될 캔버스 윈도우를 띄운다. '.(콤마)'는 왼쪽 식별자(모듈, 객체)가 가지고 있는 데이터나 명령(함수)을 가리킬 때 사용하고, '()(소괄호)'는 왼쪽 식별자가 함수라는 의미이다.

03. turtle.Turtle()

turtle 모듈의 Turtle 명령을 호출하여 Turtle 객체를 생성하면 캔버스 내 거북이가 나타난다.

※ 파이썬은 대소문자를 구분하므로 꼭 유의하여야 한다.

3. 거북이 그래픽 사용하기

3.1. 거북이 모양 바꾸기

Turtle() 명령을 전달하면 거북이 모양이 아닌 화살표 모양의 Turtle 객체가 나타난다. 이는 shape() 명령을 통해 모양을 변경할 수 있다.

shape(모양 이름)

※ 단, 모양 이름은 작은따옴표(')나 큰따옴표(")로 묶여진 문자열[12]이어야 한다.

예) `turtle.shape('turtle')`

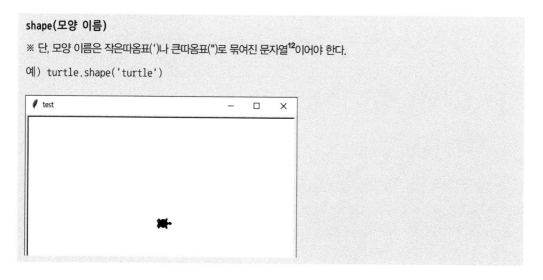

---

12 데이터로 다루는 일련의 문자를 뜻한다.

거북이 그래픽 모듈이 기본적으로 제공하는 모양은 다음과 같다.

표 2.1 기본 거북이 모양

이름	모양	설명
arrow	▶	삼각형 모양 ("triangle"과 유사함)
turtle	🐢	거북이 모양
circle	●	원 모양
square	■	정사각형 모양
triangle	▶	삼각형 모양("arrow"와 유사함)
classic	➤	화살표 모양

만약 임의의 이미지를 이용하여 거북이 모양을 설정하고 싶다면 다음과 같이 진행한다.

01. 현재 작업 디렉터리(current working directory)를 알아낸다.

```
>>> import os
>>> os.getcwd()
'C:\\Python'
```

디렉터리와 파일은 운영체제(Operating System, OS)에서 관리한다. 현재 파이썬 프로그램이 실행되는 작업 디렉터리를 알고 싶다면 운영체제와 관련된 명령들을 가지고 있는 os 모듈을 import하고 os 모듈의 getcwd() 명령을 호출한다. 예제에서는 파이썬을 설치할 때 정해준 설치 디렉터리인 'C:\\Python'이 출력되는 것을 볼 수 있다.

02. '그림판' 프로그램을 실행하고 '파일' 탭 아래 '열기' 항목 클릭하여 이용하고자 하는 이미지 파일을 연다.

03. '크기 조정' 기능을 이용하여 이미지 크기(해상도)를 조정한다. 그래픽 윈도우의 해상도보다 이미지의 해상도 가 크거나 작은 경우가 일반적이기 때문에 조정이 필요하다.

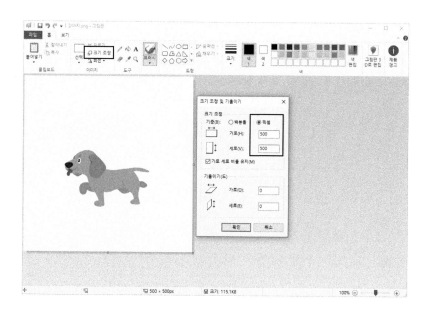

04. GIF 파일로 현재 작업 디렉터리에 저장한다. 거북이 그래픽 모듈에서는 GIF 파일을 가장 잘 지원한다.

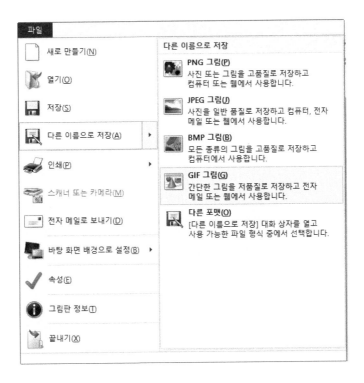

※ 다른 디렉터리도 관계없지만 사용하려는 이미지 파일을 현재 작업 디렉터리로 넣어주는 것이 편하다.

05. turtle 모듈의 addshape() 명령을 통해 이미지 파일을 거북이 모양으로 사용할 수 있도록 추가한다.

> **addshape(이미지 파일명)**
>
> ※ 이미지 파일명은 문자열로 전달한다.
>
> 예) turtle.addshape('거북이.gif')

06. turtle 모듈의 shape() 명령을 통해 이미지 파일로 거북이 모양을 설정한다.

> **shape(이미지 파일명)**
>
> 예) turtle.shape('거북이.gif')

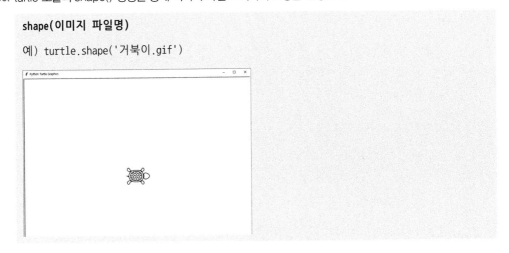

3.2. 거북이 초기 위치 및 방향

거북이가 처음 생성될 때 캔버스의 가운데에 위치한다. x, y 좌표계에서 거북이의 초기 위치는 x좌표가 0, y좌표가 0이다. 이 때, 거북이가 바라보는 방향은 x축 양의 방향이고 값은 0°이다. 이 방향은 거북이에게 회전 명령을 줄 때 기준이 된다.

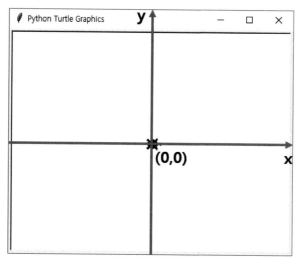

그림 2.5 거북이의 초기 위치

3.3. 거북이 이동 및 회전시키기 I

거북이를 앞이나 뒤로 이동시키거나 회전시키는 명령은 다음과 같다.

표 2.2 거북이 이동 및 회전 명령 I

구분	명령	동작
이동	forward(픽셀 수) or fd(픽셀 수)	주어진 픽셀 수만큼 앞으로 이동
	backward(픽셀 수) or bk(픽셀 수)	주어진 픽셀 수만큼 뒤로 이동
회전	left(각도) or lt(각도)	주어진 각도(단위: °(degree))만큼 왼쪽(반시계방향, Counter Clock-Wise, CCW)으로 회전
	right(각도) or rt(각도)	주어진 각도(단위: °(degree))만큼 오른쪽(시계방향, Clock-Wise, CW)으로 회전

※ 단, 이동 및 회전 명령 시 음수 값의 픽셀 수 혹은 각도가 주어지면 반대로 이동한다. (전진↔후진, CW↔CCW)

이동 및 회전 명령을 조합하여 정사각형, 정삼각형, 정육각형을 그려보자.

01. 정사각형 그리기

```
>>> import turtle
>>> turtle.Screen()
>>> turtle.Turtle()
>>> turtle.forward(100)
>>> turtle.right(90)
>>> turtle.forward(100)
>>> turtle.right(90)
>>> turtle.forward(100)
>>> turtle.right(90)
>>> turtle.forward(100)
```

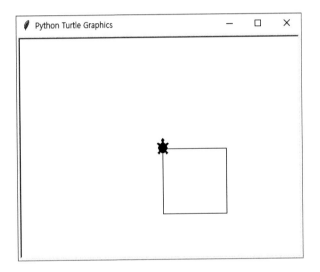

02. 정삼각형 그리기

```
>>> import turtle
>>> turtle.Screen()
>>> turtle.Turtle()
>>> turtle.forward(100)
>>> turtle.right(120)
>>> turtle.forward(100)
>>> turtle.right(120)
>>> turtle.forward(100)
```

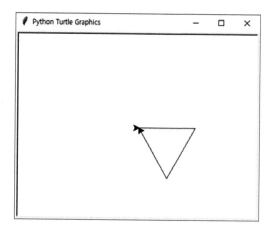

03. 정육각형 그리기

```
>>> import turtle
>>> turtle.Screen()
>>> turtle.Turtle()
>>> turtle.forward(100)
>>> turtle.right(60)
>>> turtle.forward(100)
>>> turtle.right(60)
>>> turtle.forward(100)
>>> turtle.right(60)
>>> turtle.forward(100)
>>> turtle.right(60)
>>> turtle.forward(100)
>>> turtle.right(60)
>>> turtle.forward(100)
```

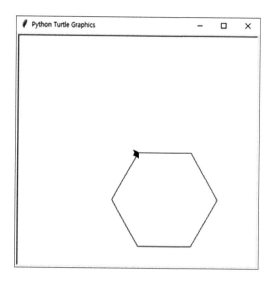

3.4. 배경 바꾸기

Screen() 명령을 호출하면 생성되는 배경 윈도우의 제목, 크기, 이미지를 변경하는 명령어를 알아보자. 배경 윈도우 화면은 수많은 픽셀(화소)로 구분되어 관리되므로 전달되는 값들의 단위는 픽셀 수가 된다.

표 2.3 배경 윈도우 관련 명령

구분	명령	동작
제목 변경	title(문자열)	주어진 문자열로 윈도우 이름을 변경한다.
크기 반환	window_width()	윈도우의 너비(픽셀 수)를 반환한다.
	window_height()	윈도우의 높이(픽셀 수)를 반환한다.
크기 설정	setup(width, height)	주어진 width(너비, 픽셀 수)와 height(높이, 픽셀 수)로 윈도우 크기를 설정한다.
배경 그림 변경	bgpic(이미지 파일명)	배경 윈도우 화면을 주어진 이미지로 변경한다.

위 명령어들을 다음 예제를 통해 실행해보자.

```
>>> import turtle
>>> turtle.Screen()
>>> turtle.Turtle()
>>> turtle.title('창이름변경연습')
>>> turtle.setup(500,500)
>>> turtle.window_width()
500
>>> turtle.window_height()
500
```

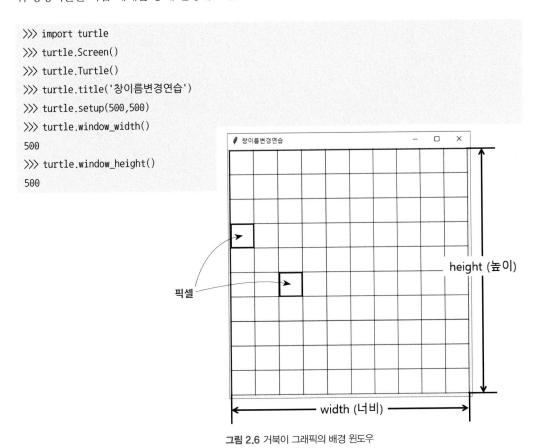

그림 2.6 거북이 그래픽의 배경 윈도우

흰색의 배경 윈도우에 배경그림을 삽입해보자. bgpic(background picture) 명령을 통해 배경을 변경할 수 있다.

1. 우선 배경그림으로 삽입할 적절한 이미지 파일을 가져와 배경 윈도우 크기에 맞도록 그림판을 이용하여 크기를 변경한다.

2. 크기가 변경된 이미지 파일을 현재 작업 디렉터리에 저장한다.

3. bpgic(이미지 파일명) 명령을 호출하여 배경을 바꾼다.

```
>>> import turtle
>>> turtle.Screen()
>>> turtle.Turtle()
>>> turtle.setup(800,600)
>>> turtle.bgpic('산길.gif')
```

3.5. 거북이 이동 및 회전시키기 Ⅱ

forward(), backward(), right(), left() 명령들은 모두 상대적인 이동 및 회전 명령이다. 현재 위치와 방향을 기준으로 주어진 픽셀 수 및 각도만큼 이동 및 회전한다. 거북이 그래픽 모듈은 절대적인 이동 및 회전 명령도 가지고 있다. 즉, 주어진 좌표 및 각도로 이동 및 회전하는 명령들이 이에 해당한다.

표 2.4 거북이 이동 및 회전 명령 II

구분	명령	동작
현재 위치 반환	pos()	현재 거북이의 x좌표와 y좌표를 반환한다.
현재 방향 반환	heading()	거북이가 바라보는(heading) 각도를 반환한다.
이동	goto(x,y)	주어진 좌표(x,y)로 이동한다.
	setpos(x,y)	주어진 좌표(x,y)로 이동한다. goto와 동일하다.
회전	setheading(degree)	주어진 각도로 회전한다. 양수 각도 입력 시 반시계방향으로 회전하고, 음수 각도 입력 시 시계방향으로 회전한다.
위치 및 방향 초기화	home()	거북이의 위치와 방향을 초기화한다.

거북이를 이동시키거나 회전시킨 후 현재 거북이의 위치와 방향을 알기위해서 pos()와 heading() 명령을 이용할 수 있다. goto(), setpos() 명령을 통해서 현재 위치와 관계없이 주어진 좌표로 거북이를 이동시킬 수 있는데, 이 때 거북이가 바라보고 있는 방향은 변하지 않는다. 또한 home() 명령을 통해서는 거북이가 어디에 위치하는지, 어느 방향을 보고 있는지에 관계없이 거북이를 처음 위치와 방향으로 되돌릴 수 있다.

위 명령들을 이용하여 정사각형을 그려보자. forward()와 right() 명령을 이용한 27쪽의 예제 코드보다 코드 길이가 더 짧아진 것을 볼 수 있다.

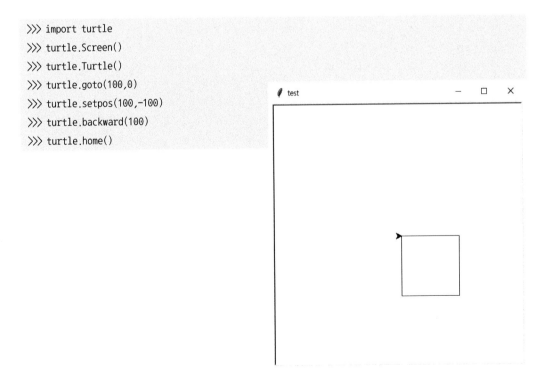

```
>>> import turtle
>>> turtle.Screen()
>>> turtle.Turtle()
>>> turtle.goto(100,0)
>>> turtle.setpos(100,-100)
>>> turtle.backward(100)
>>> turtle.home()
```

한편, setheading() 명령은 현재 거북이가 바라보는 방향과 관계없이 주어진 각도로 거북이를 회전시킨다. 단, 주어지는 각도가 양수인 경우 반시계방향으로 회전하고, 음수인 경우 시계방향으로 회전한다.

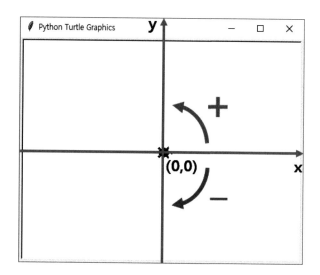

setheading() 명령을 내린 후, heading() 명령을 통해 현재 거북이의 방향을 확인하는 예제를 실행해보자.

```
>>> import turtle
>>> turtle.Screen()
>>> turtle.Turtle()
>>> turtle.heading()
0.0
>>> turtle.setheading(270)
270.0
>>> turtle.setheading(-90)
>>> turtle.heading()
270.0
>>> turtle.setheading(390)
>>> turtle.heading()
30.0
```

3.6. 펜 올리기 및 내리기

거북이 그래픽 모듈을 이용하여 거북이를 이동시키면 선이 그어지고 이를 통해 그림을 그릴 수 있다. 하지만, 그리기 시작 위치를 새로이 한다거나, 단순히 객체의 위치만을 옮기고 싶을 때를 비롯하여 거북이는 이동하되 선은 그어지지 않아야 하는 경우는 어떻게 구현할까? 이런 경우는 거북이를 이동시키기 전에 penup() 명령을 호출함으로써 해결한다. 다시 선을 긋고 싶을 때는 pendown() 명령을 호출하면 된다.

배경을 산길로 바꾸고 거북이를 산길을 따라 이동시키는 예제 코드를 스크립트 모드로 실행해보자.

```
import turtle
turtle.Screen()
turtle.setup(800,600)
turtle.title('거북이등산')
turtle.bgpic('산길.gif')
turtle.Turtle()
turtle.shape('turtle')
turtle.penup()
turtle.goto(-100,-250)
turtle.left(30)
turtle.forward(200)
turtle.setheading(90)
turtle.forward(10)
turtle.setheading(150)
turtle.forward(100)
```

01. 오각별 그리기

- 각 변의 길이는 100이다.

- 별의 꼭짓점은 72도를 두 번 회전한 144도를 회전한다.

- 별의 다음 꼭짓점을 그릴 때는 72도를 회전한다.

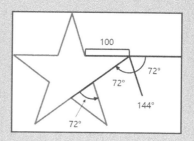

02. 미로 탈출하기

- 미로 이미지를 생성하거나 가져온다.

- 배경을 미로 이미지로 변경한다.

- 펜을 들고(penup) 출발점으로 거북이를 이동(setpos 혹은 goto)한다.

- 펜을 내린 후(pendown), 거북이를 탈출시킨다.

- 단, 이 때 forward(or fd), backward(or bk), left, right만 사용한다.

※ 미로 이미지는 'Maze Maker' 사이트(https://worksheets.theteacherscorner.net/make-your-own/maze/)에서 생성할 수 있다.

거북이 그래픽 모듈
사용하기 II

학습목표

- 변수와 주석의 필요성을 이해하고 활용한다.
- 산술 연산자의 종류를 파악한다.
- 사용자로부터 데이터를 입력받는다.
- 거북이 그래픽 모듈을 사용하는 방법을 익힌다.

1. 변수(variables)와 주석(comments)

1.1. 변수(variables)

컴퓨터가 다루는 데이터(자료)는 상수(constant)와 변수(variable)로 분류된다.

- **상수**: 프로그램이 실행되는 동안 변하지 않고 고정된 값

- **변수**: 프로그램이 실행되는 동안 변할 수 있는 값

예를 들어, "4x + 6y = 38"이라는 수식이 있다면 이 중 '4'와 '6', 그리고 '38'은 상수이고, 'x'와 'y'는 등식만 성립한다면 변할 수 있는 수이기에 변수이다.

변수는 '데이터를 담을 수 있는 그릇'과 같고 정수, 실수, 문자열, 심지어 Screen이나 Turtle과 같은 객체까지 담을 수 있다. 그리고 변수에 데이터를 담을 때는 대입 연산자라 불리는 '=' 연산자를 사용한다.

그림 3.1 데이터를 저장하는 변수

```
>>> var = 3
>>> var = 3.141592
>>> var = 'Hello, python'
>>> import turtle
>>> var = turtle.Screen()
>>> var = turtle.Turtle()
```

1.2. 주석(comments)

주석은 작성한 코드를 설명하기 위한 문장으로 파이썬 인터프리터가 해석하지 않는다. 상세한 주석은 코드를 이해하기 쉽게 만들며, 이는 코드의 품질을 결정하는 요소 중 하나이다.

- **한 줄 주석**: '#'으로 시작

- **여러 줄 주석**: 작은따옴표 혹은 큰따옴표 3개로 그 시작과 끝을 표시

```
>>> # 내가 주석이에요.
>>> '''
        여러 줄 문장도 주석으로 삽입할 수 있어요.
        무엇보다 주석으로 삽입한 문장은 실행되지 않아요!
    '''
```

1.3. 두 마리의 거북이 만들기

turtle.Turtle() 명령을 여러 번 호출하여 여러 마리의 거북이를 만들 수 있지만, 이름이 붙여져 있지 않기 때문에 이동 및 회전 명령을 줄 거북이를 특정할 수 없다.

```
>>> import turtle
>>> turtle.Turtle('turtle')      # 거북이 객체를 생성하면서 바로 모양을 정해줄 수 있다.
>>> turtle.Turtle('turtle')      # 2번째 거북이 생성
>>> turtle.forward(100)          # 어느 거북이가 앞으로 이동해야 하는가?
```

위 예제 코드를 실행해보자. 두 마리의 거북이가 나타나긴 한 걸까? 두 마리의 거북이를 각각 다른 쪽으로 움직이고 싶을 때는 어떻게 할까? 변수에 대입한다는 것은 데이터를 담는다는 의미도 있지만 이름을 붙인다는 의미도 있다. 각각의 거북이에게 이름을 붙여보자.

```
>>> import turtle
>>> t1=turtle.Turtle('turtle')
>>> t2=turtle.Turtle('turtle')
>>> t1.forward(100)
>>> t2.backward(100)
```

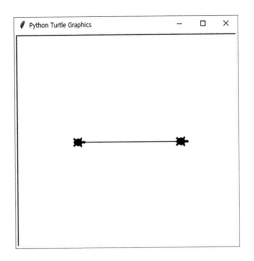

※ Screen 객체는 2개 이상 생성 불가하다.

1.4. 변수 사용의 장점

앞서 작성하였던 정삼각형 그리기 예제 코드를 살펴보자.

```
import turtle
turtle.Screen()
turtle.Turtle()
turtle.forward(100)
turtle.right(120)
turtle.forward(100)
turtle.right(120)
turtle.forward(100)
```

만약 한 변의 길이가 100 픽셀이 아닌 50 픽셀이나 200 픽셀로 변경하고 싶으면 어떻게 해야 할까? 위 코드에서 적어도 3줄의 코드를 변경해야 한다. 코드가 길어지면 길어질수록 수정해야 하는 코드의 양도 늘어날 가능성이 높다. 또한 수정해야 할 코드 중 일부를 누락하는 실수가 생기기도 한다. 위 코드에서 사용하고 있는 객체와 정수를 변수에 대입하고 주석을 통해 코드를 설명해보자.

```
'''
    변수를 사용한 정삼각형 그리기 코드
    여러 줄을 주석으로 표시할 때는
    작은따옴표 혹은 큰따옴표 3개로
    그 시작과 끝을 표시
'''
# 한 줄 주석은 특수기호 #으로 삽입
# 코드에서 사용할 변수 저장
width = 500             # 윈도우 가로 길이를 width라는 변수에 저장
height = 500            # 윈도우 세로 길이를 height라는 변수에 저장
lineLength = 100        # 정삼각형 한 변의 길이를 lineLength라는 변수에 저장
diffAngle = 120         # 정삼각형 꼭짓점에서 회전해야 할 각도를 diffAngle 변수에 저장

import turtle           # 거북이 그래픽 모듈 가져오기
win = turtle.Screen()   # 윈도우 객체를 생성하여 win 변수에 저장(대입)

# setup 명령은 윈도우 관련 명령이므로 윈도우 객체인 win을 통해 명령 전달
win.setup(width,height)
t = turtle.Turtle()     # 거북이 객체를 생성하여 t 변수에 대입
t.fd(lineLength)        # t라는 거북이 객체에 이동/회전 명령을 전달
t.right(diffAngle)
t.fd(lineLength)
t.right(diffAngle)
t.fd(lineLength)
```

바뀐 코드에서 정삼각형 한 변의 길이는 'lineLength' 라는 변수에 저장되어 있다. 따라서 다른 크기의 정삼각형을 그려야 한다면, 'lineLength' 변수의 값만 다른 값으로 대입해주면 된다. 이와 같은 작업을 통해 소프트웨어 품질 특성(Quality Characteristics) 중 하나인 **유지보수성(maintainability)**[13]을 향상시킬 수 있다. 또한 변수와 주석을 적절히 사용하여 **가독성(readability)**[14]이 향상되었다.

2. 산술 연산자(arithmetic operator)

수식(expression)이란 **피연산자(operand)**들과 **연산자(operator)**들의 조합으로 이루어진다. 연산자는 연산을 나타내는 기호이고 피연산자는 연산의 대상이다.

그림 3.2 연산자와 피연산자로 구성되는 수식

또한 모든 수식은 값을 갖는데, 예를 들어 수식 '1+2'의 값은 '3'이 된다. 연산자는 그 기능에 따라 산술 연산자, 논리 연산자, 관계 연산자 등으로 나뉘고 이 중 산술 연산자는 단순히 연산자라고도 한다. 산술 연산은 덧셈, 뺄셈, 곱셈, 나눗셈의 사칙 연산을 뜻한다. 파이썬에서 사용할 수 있는 산술 연산자는 다음과 같다.

표 3.1 파이썬의 산술 연산자

연산자	의미	예	결과 값
+	더하기	7+2	9
-	빼기	7-2	5
*	곱하기	7*2	14
/	나누기 (실수 몫)	7/2	3.5
//	나누기 (정수 몫)	7//2	3
%	(나눈) 나머지	7%2	1
**	거듭제곱	7**2	49

---

13 명시된 요구사항을 만족시키기 위해 소프트웨어의 유지, 개선, 적용, 시정에 대한 용이성을 말한다(IEEE610.12-90).

14 코드가 의도하는 동작이나 알고리즘을 얼마나 쉽게 이해할 수 있는지를 뜻한다.

몇 가지 예제를 통해 산술 연산자의 의미를 다시 확인해보자.

```
>>> 3*9
27
>>> 11*11*11
1331
>>> 11**3
1331
>>> 10/4
2.5
>>> 10//4
2
>>> 9%4
1
```

위와 같은 산술 연산자들을 활용하면 복잡한 수식도 코드로 작성하여 계산할 수 있다.

$$y = x^2 + \frac{b}{a}x + \left(\frac{b}{2a}\right)^2$$

```
>>> a = 5
>>> b = 3
>>> x = 7
>>> y = x**2 + (b/a)*x + (b/(2*a))**2
>>> print(y)
53.290000000000006
```

3. 사용자로부터 입력받기

3.1. input() 함수

사용자의 입력에 따른 동작을 해야 하는 프로그램의 경우, input() 명령을 통해 사용자의 키보드 입력을 받을 수 있다.

변수 = input(안내 메시지)   ※ 안내 메시지는 생략할 수 있다.

```
>>> name = input()
홍길동
>>> print(name)
홍길동
>>> print('안녕',name)
안녕 홍길동
>>> home = input('당신의 고향은 어디인가요? ')
당신의 고향은 어디인가요? 대전
>>> print('아름다운', home, '출신이군요.')
아름다운 대전 출신이군요.
```

다음 스크립트도 작성하여 실행해보자.

```
year = input('당신이 태어난 년도는? ')
age = 2020 - year + 1
print('그럼 올해',age,'살 이겠군요.')
```

```
Python 3.8.0 Shell                                          —  □  ×
File Edit Shell Debug Options Window Help
====================== RESTART: C:/Python/test.py ======================
당신이 태어난 년도는? 2001
Traceback (most recent call last):
  File "C:/Python/test.py", line 2, in <module>
    age = 2020 - year + 1
TypeError: unsupported operand type(s) for -: 'int' and 'str'
>>>
                                                           Ln: 57  Col: 4
```

" '-' 연산자의 피연산자로 숫자가 아닌 문자열(string)은 지원하지 않는다."라는 에러 메시지가 출력된다.

input() 명령을 통해 **입력된 데이터는 문자열**이다. 문자열 형식의 데이터를 프로그램 내에서 정수나 실수로 활용하기 위해서는 **int(), float() 명령을 통해 숫자로 변환하는 작업이 필요**하다. 정수는 영어로 'integer'이고 'int'는 그 줄임말이다. 한편, 실수는 '3.141592'와 같이 소수점이 포함되는데 그 소수점(point)이 떠다니듯(floating) 이동한다고 하여 'floating point'라고 하고 이를 줄여서 'float'로 나타낸다. 마찬가지로 str() 명령을 통해 데이터를 문자열(string)로도 변환할 수 있다.

```
int(데이터)   # 데이터를 정수(integer)로 변환한다.
float(데이터) # 데이터를 실수(floating point)로 변환한다.
str(데이터)   # 데이터를 문자열(string)으로 변환한다.
```

int() 명령을 통해 입력받은 문자열을 정수로 변환하도록 하자.

```
year = input('당신이 태어난 년도는? ')
age = 2020 - int(year) + 1
print('그럼 올해',age,'살 이겠군요.')
```

```
Python 3.6.0 Shell                                                    —  □  ×
File  Edit  Shell  Debug  Options  Window  Help
========================= RESTART: C:/Python/test.py =========================
당신이 태어난 년도는? 2001
그럼 올해 20 살 이겠군요.
>>> |
                                                                    Ln: 68  Col: 4
```

사용자가 키보드로 입력한 '2001' 이라는 문자열이 2001이라는 정수로 변환이 되어 본래의 의도대로 프로그램이 실행되는 것을 볼 수 있다.

3.2. 예제1: 원의 넓이 계산하기

원의 반지름을 입력받아 넓이를 계산하는 프로그램을 작성해보자.

```
radius = float(input('원의 반지름을 입력하세요: '))
pi = 3.141592
area = radius ** 2 * pi
print('반지름이',radius,'인 원의 넓이를 계산합니다.')
print('원의 넓이는',area,'입니다.')
```

input() 함수를 이용하여 사용자로부터 입력을 받은 후, 이를 실수로 변환하여 'radius' 변수에 저장하고 'pi' 변수에는 원주율 값을 대입한다. 'radius' 와 'pi'를 이용하여 원의 면적을 계산하고 계산된 결과 값을 'area' 변수에 저장한다. 최종적으로 원의 넓이를 출력한다.

```
==== RESTART: C:\Python\test.py ====
원의 반지름을 입력하세요: 7.5
반지름이 7.5 인 원의 넓이를 계산합니다.
원의 넓이는 176.71455 입니다.
>>>
```

3.3. 예제2: 점수 합계와 평균 점수 계산하기

학생의 국어, 영어, 수학 점수를 입력받아 점수 합계와 평균 점수를 계산하여 출력하는 프로그램을 작성해보자.

```
국어 = int(input('국어점수: '))
영어 = int(input('영어점수: '))
수학 = int(input('수학점수: '))
합계 = 국어+영어+수학
평균 = 합계/3
print('합계점수:', 합계)
print('평균점수:', 평균)
```

각 과목의 점수를 입력받고 이를 정수로 변환하여 변수에 저장한다. 파이썬은 한글을 지원하기 때문에 한글 변수명을 사용해도 문제는 없지만, 가능하면 영어 변수명을 사용하는 것이 좋다. 산술 연산자를 사용하여 합계와 평균을 계산하여 대입한 후 이를 출력한다.

```
== RESTART: C:\Python\[Week3]합계평균.py ==
국어점수: 92
영어점수: 88
수학점수: 93
합계점수: 273
평균점수: 91.0
```

4. 펜으로 그리기

4.1. 자음 그리기

거북이 그래픽 모듈의 이동, 회전 명령들을 이용하여 'ㄱ', 'ㄴ', 'ㄷ', 'ㄹ'을 한 화면에 그려보자. 단, 다음 조건들을 만족하여야 한다.

01. 상대적 이동 및 회전 명령인 forward(), backward(), left(), right()만을 이용하여 한 붓 그리기 방식으로 그린다.

02. 한 자음을 그리고 나서 다음 자음을 그릴 위치로 이동할 때는 penup() 명령 호출을 통해 펜을 든 후 goto() 혹은 setpos() 그리고 setheading(0)을 이용하여 위치와 방향을 초기화한 후 pendown()하여 계속 그린다.

03. 한 변의 크기는 사용자로부터 입력받는다.

※ 그리기 속도는 Turtle 객체 내 speed(원하는 속도) 명령을 통해 변경할 수 있다.

각각의 자음을 그리기 위해 움직일 거북이의 궤적을 생각해보면 다음과 같다. 이를 이용하여 각각의 자음을 거북이 그래픽 모듈을 이용하여 그려보자.

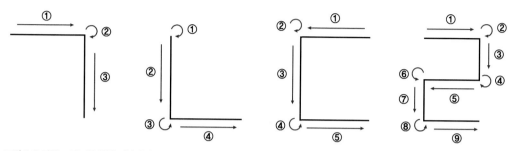

그림 3.3 자음 그리기를 위한 거북이의 궤적

또한, 한 화면에 4개의 자음을 모두 그려야 하므로 배경 윈도우에서 자음을 그릴 시작 위치를 잘 배분하여야 한다. 화면의 너비(w)와 높이(h)를 고려하여 각 자음의 그리기 시작 위치를 생각해보자. 배경 윈도우의 위쪽 일부분은 윈도우에 가려 보이지 않으므로, 자음 그리기 시작 위치를 여유 거리(offset)를 두어 띄우기로 한다.

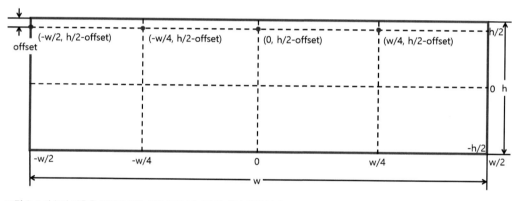

그림 3.4 다수의 자음을 그리기 위한 화면 구역 나누기 및 시작 위치 설정

```python
import turtle
win = turtle.Screen()              # window 객체 생성
w = 1000                           # window 너비
h = 500                            # window 높이
offset = 100                       # 위 여백
win.setup(w,h)                     # window 크기 설정
t = turtle.Turtle('circle')        # 거북이 객체 생성(기본 모양 중 '원'모양)
size = int(input('글자 크기: '))    # 글자 크기(한 변의 길이) 입력받기
t.speed(10)                        # 그리기 속도 설정


# 'ㄱ' 그리기
```

```
t.penup()                      # 펜 올리기
t.goto(-w/2,h/2-offset)        # 시작 위치로 이동
t.pendown()                    # 펜 내리기
t.forward(size)
t.right(90)
t.forward(size)

# 'ㄴ' 그리기
t.penup()                      # 펜 올리기
t.goto(-w/4,h/2-offset)        # 시작 위치로 이동
t.setheading(0)                # 방향 초기화
t.pendown()                    # 펜 내리기
t.right(90)
t.forward(size)
t.left(90)
t.forward(size)

# 'ㄷ' 그리기
t.penup()                      # 펜 올리기
t.goto(0,h/2-offset)           # 시작 위치로 이동
t.setheading(0)                # 방향 초기화
t.pendown()                    # 펜 내리기
t.backward(size)
t.right(90)
t.forward(size)
t.left(90)
t.forward(size)

# 'ㄹ' 그리기
t.penup()                      # 펜 올리기
t.goto(w/4,h/2-offset)         # 시작 위치로 이동
t.setheading(0)                # 방향 초기화
t.pendown()                    # 펜 내리기
t.forward(size)
t.right(90)
t.forward(size/2)
t.right(90)
t.forward(size)
t.left(90)
t.forward(size/2)
t.left(90)
t.forward(size)
```

위 프로그램을 실행하면 Shell 윈도우에서 사용자로부터 한 변의 길이를 입력받는다. 입력을 완료하면 배경 윈도우에서 'ㄱ', 'ㄴ', 'ㄷ', 'ㄹ'이 한 화면에 그려지게 된다.

그림 3.5 'ㄱ', 'ㄴ', 'ㄷ', 'ㄹ' 그리기 프로그램 실행 결과

실행 결과를 보면 'ㄷ' 의 한 붓 그리기 방식 시작 방향이 'ㄱ', 'ㄴ', 'ㄹ' 과 다르기 때문에 화면의 나눠진 구역대로 그려지지 않는다. 'ㄷ' 의 시작 위치를 약간 변경하는 방법도 있지만 'ㄷ'을 글씨 쓰는 방식으로 변경하여 보자.

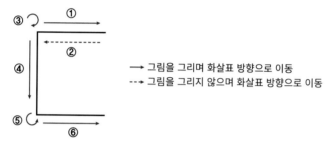

그림 3.6 글씨 쓰는 방식으로 'ㄷ' 그리기

```python
# 'ㄷ' 그리기
t.penup()                    # 펜 올리기
t.goto(0,h/2-offset)         # 시작 위치로 이동
t.setheading(0)              # 방향 초기화
t.pendown()                  # 펜 내리기
t.forward(size)
t.penup()
t.goto(0,h/2-offset)         # 시작 위치로 이동
t.pendown()
t.right(90)
t.forward(size)
t.left(90)
t.forward(size)
```

그림 3.7 'ㄱ', 'ㄴ', 'ㄷ', 'ㄹ' 그리기 수정 프로그램 실행 결과

4.2. 모양 크기 변경하기

거북이 모양의 크기는 Turtle 객체의 shapesize() 명령을 통해 변경할 수 있다.

> **shapesize(크기)**   # 주어진 '크기'로 모양의 크기(단위: 픽셀)를 설정한다.
> ※ 함수 호출 시 전달하는 '크기'는 실수도 가능하다.

모양 크기를 변경하고 확인하는 예제 코드를 실행하여 보자. 모양 크기가 커지는 것을 확인하기 위해서 거북이의 현재 위치에 모양을 복사하는 stamp() 명령을 사용한다.

```python
import turtle
win=turtle.Screen()
t=turtle.Turtle('circle')
t.penup()
t.shapesize(0.1)
t.stamp()
t.forward(10)
t.shapesize(0.5)
t.stamp()
t.forward(20)
t.shapesize(1)
t.stamp()
t.forward(75)
t.shapesize(5)
t.stamp()
```

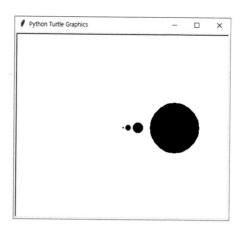

원 모양의 거북이 객체가 생성되어 조금씩 모양 크기를 크게 하면서 도장 찍듯이 앞으로 나아가는 그림이 그려진다.

4.3. 펜 굵기 변경하기

거북이가 움직일 때 그어지는 선의 굵기는 마찬가지로 Turtle 객체 내 pensize() 명령을 통해 변경할 수 있다.

pensize(굵기)   # 펜 굵기를 설정한다. 전달하는 굵기의 단위는 픽셀 수이다.

조금씩 선의 굵기를 변경하면서 선을 그어보자.

```python
import turtle
win=turtle.Screen()
t=turtle.Turtle()
t.pensize(1)
t.forward(40)
t.pensize(2)
t.forward(40)
t.pensize(5)
t.forward(60)
t.pensize(10)
t.forward(100)
t.pensize(20)
t.forward(200)
```

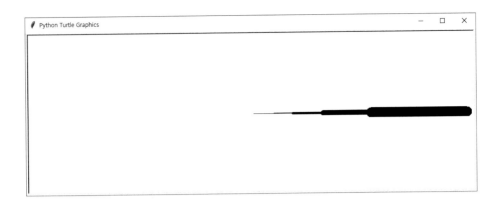

4.4. 펜 및 배경 색 변경하기

펜의 색상, 즉 거북이를 움직일 때 그어지는 선의 색상의 확인과 변경은 Turtle 객체 내 pencolor() 명령을 통해 가능하다.

```
pencolor()        # 현재 펜의 색상을 반환한다.
pencolor(색상)     # 주어진 색상대로 펜의 색상을 변경한다.
```

※ 호출 시 전달하는 색상은 색상을 나타내는 문자열(예: red, Black, BLUE, ...)을 사용하며, 이 때 대소문자는 구분하지 않아도 된다.

이때 전달하는 색상 문자열은 Tk 색상 사양(Tk color specification)을 참고하면 된다. 매우 다양한 색상을 지원함을 일부 사이트[15]를 통해 확인할 수 있다.

Whites/Pastels

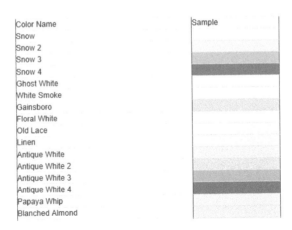

---

15 https://trinket.io/docs/colors, https://ecsdtech.com/8-pages/121-python-turtle-colors

Bisque	
Bisque 2	
Bisque 3	
Bisque 4	
Peach Puff	
Peach Puff 2	
Peach Puff 3	
Peach Puff 4	
Navajo White	
Moccasin	
Cornsilk	
Cornsilk 2	
Cornsilk 3	
Cornsilk 4	
Ivory	
Ivory 2	
Ivory 3	
Ivory 4	
Lemon Chiffon	

Grays

Color Name	Sample
Black	
Dark Slate Gray	
Dim Gray	
Slate Gray	
Light Slate Gray	
Gray	
Light Gray	

Blues

Color Name	Sample
Midnight Blue	
Navy	
Cornflower Blue	
Dark Slate Blue	
Slate Blue	
Medium Slate Blue	
Light Slate Blue	
Medium Blue	
Royal Blue	
Blue	
Dodger Blue	
Deep Sky Blue	
Sky Blue	
Light Sky Blue	
Steel Blue	
Light Steel Blue	
Light Blue	
Powder Blue	
Pale Turquoise	
Dark Turquoise	
Medium Turquoise	
Turquoise	
Cyan	
Light Cyan	
Cadet Blue	

Greens

Color Name	Sample
Medium Aquamarine	
Aquamarine	
Dark Green	
Dark Olive Green	
Dark Sea Green	
Sea Green	
Medium Sea Green	
Light Sea Green	
Pale Green	
Spring Green	
Lawn Green	
Chartreuse	
Medium Spring Green	
Green Yellow	
Lime Green	
Yellow Green	
Forest Green	
Olive Drab	
Dark Khaki	
Khaki	

Yellow

Color Name	Sample
Pale Goldenrod	
Light Goldenrod Yellow	
Light Yellow	
Yellow	
Gold	
Light Goldenrod	
Goldenrod	
Dark Goldenrod	

Browns

Color Name	Sample
Rosy Brown	
Indian Red	
Saddle Brown	
Sienna	
Peru	
Burlywood	
Beige	
Wheat	
Sandy Brown	
Tan	
Chocolate	
Firebrick	
Brown	

Oranges

Color Name	Sample
Dark Salmon	
Salmon	
Light Salmon	
Orange	
Dark Orange	
Coral	
Light Coral	
Tomato	
Orange Red	
Red	

Pinks/Violets

Color Name	Sample
Hot Pink	
Deep Pink	
Pink	
Light Pink	
Pale Violet Red	
Maroon	
Medium Violet Red	
Violet Red	
Violet	
Plum	
Orchid	
Medium Orchid	
Dark Orchid	
Dark Violet	
Blue Violet	
Purple	
Medium Purple	
Thistle	

한편, 배경 윈도우의 색상도 배경 윈도우 객체 내 bgcolor() 명령을 이용하여 변경할 수 있다. 'bgcolor'에서 'bg'는 background의 줄임말이다.

bgcolor(배경색)　 # 주어지는 배경색으로 배경 윈도우의 색상을 설정한다.
※ 배경색은 색상을 나타내는 문자열이고, 펜 색상과 마찬가지로 Tk 색상 사양을 따른다.

다양한 색상을 이용하여 펜 색과 배경 색을 변경하면서 선을 긋는 예제 코드를 작성해보자.

```python
import turtle
win = turtle.Screen()
win.bgcolor('azure')            # 윈도우 색 변경
t = turtle.Turtle()
len = 50
t.pensize(30)
```

```
t.penup()
t.goto(-win.window_width()/2,0) # 시작 위치로 이동
t.pendown()
t.pencolor('dark salmon'); t.forward(len)
t.pencolor('salmon'); t.forward(len)
t.pencolor('light salmon'); t.forward(len)
t.pencolor('orange'); t.forward(len)
t.pencolor('dark orange'); t.forward(len)
t.pencolor('coral'); t.forward(len)
t.pencolor('light coral'); t.forward(len)
t.pencolor('tomato'); t.forward(len)
t.pencolor('orange red'); t.forward(len)
t.pencolor('red'); t.forward(len)
```

※ 세미콜론(;)을 이용하면 한 줄에 여러 개의 명령을 전달할 수 있다. 하지만, 가독성이 떨어질 수 있으므로 권장되지 않는다.

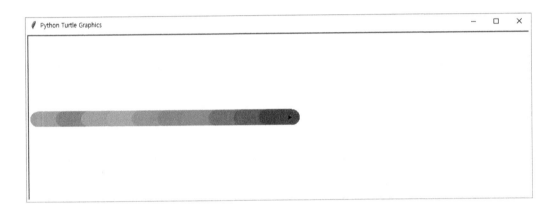

pencolor()와 bgcolor() 명령으로 색상을 변경할 때 색상을 나타내는 문자열이 아닌 해당 색상의 RGB[16] 값을 전달해도 된다.

---

[16] 빨강, 초록, 파랑 세 종류의 색을 혼합하여 다양한 색을 표현하는 방식이다.

	color	hex	RGB			color	hex	RGB
	red	#ff0000	(255,000,000)			turquoise	#40e0d0	(064,224,208)
	crimson	#dc143c	(220,020,060)			darkturquoise	#00ced1	(000,206,209)
	firebrick	#b22222	(178,034,034)			aqua	#00ffff	(000,255,255)
	maroon	#800000	(128,000,000)			cyan	#00ffff	(000,255,255)
	darkred	#8b0000	(139,000,000)			deepskyblue	#00bfff	(000,191,255)
	brown	#a52a2a	(165,042,042)			dodgerblue	#1e90ff	(030,144,255)
	sienna	#a0522d	(160,082,045)			cornflowerblue	#6495ed	(100,149,237)
	saddlebrown	#8b4513	(139,069,019)			royalblue	#4169e1	(065,105,000)
	indianred	#cd5c5c	(205,092,092)			blue	#0000ff	(000,000,255)
	rosybrown	#bc8f8f	(188,143,143)			mediumblue	#0000cd	(000,000,205)
	lightcoral	#f08080	(240,128,128)			navy	#000080	(128,000,000)
	salmon	#fa8072	(250,128,114)			darkblue	#00008b	(000,000,139)
	darksalmon	#e9967a	(233,150,122)			midnightblue	#191970	(025,025,112)
	coral	#ff7f50	(255,127,080)			darkslateblue	#483d8b	(072,061,139)
	tomato	#ff6347	(255,099,071)			slateblue	#6a5acd	(106,090,205)
	sandybrown	#f4a460	(244,164,096)			mediumslateblue	#7b68ee	(123,104,238)
	lightsalmon	#ffa07a	(255,160,122)			mediumpurple	#9370db	(147,112,219)
	peru	#cd853f	(205,133,063)			darkorchid	#9932cc	(153,050,204)
	chocolate	#d2691e	(210,105,030)			darkviolet	#9400d3	(148,000,211)
	orangered	#ff4500	(255,069,000)			blueviolet	#8a2be2	(138,043,226)
	orange	#ffa500	(255,165,000)			mediumorchid	#ba55d3	(186,085,211)
	darkorange	#ff8c00	(255,140,000)			plum	#dda0dd	(221,160,221)
	tan	#d2b48c	(210,180,140)			lavender	#e6e6fa	(230,230,250)
	peachpuff	#ffdab9	(255,218,185)			thistle	#d8bfd8	(216,191,216)
	bisque	#ffe4c4	(255,228,196)			orchid	#da70d6	(218,112,214)
	moccasin	#ffe4b5	(255,228,181)			violet	#ee82ee	(238,130,238)
	navajowhite	#ffdead	(255,222,173)			indigo	#4b0082	(075,000,130)
	wheat	#f5deb3	(245,222,179)			darkmagenta	#8b008b	(139,000,139)
	burlywood	#deb887	(222,184,135)			purple	#800080	(128,000,128)
	darkgoldenrod	#b8860b	(184,134,011)			mediumvioletred	#c71585	(199,021,133)
	goldenrod	#daa520	(218,165,032)			deeppink	#ff1493	(255,020,147)
	gold	#ffd700	(255,215,000)			fuchsia	#ff00ff	(255,000,255)
	yellow	#ffff00	(255,255,000)			magenta	#ff00ff	(255,000,255)
	lightgoldenrodyellow	#fafad2	(250,250,210)			hotpink	#ff69b4	(255,105,180)
	palegoldenrod	#eee8aa	(238,232,170)			palevioletred	#db7093	(219,112,147)
	khaki	#f0e68c	(240,230,140)			lightpink	#ffb6c1	(255,182,193)
	darkkhaki	#bdb76b	(183,183,107)			pink	#ffc0cb	(255,192,203)

그림 3.8 다양한 색상과 그에 해당하는 RGB 값

```
pencolor(red,green,blue) or pencolor((red,green,blue))
bgcolor(red,green,blue) or bgcolor((red,green,blue))
```

이때 전달하는 RGB 값(red, green, blue)은 모두 0.0~1.0 사이의 실수이다. 0~255 사이의 값으로 RGB 값을 전달하기 위해서는 배경 윈도우 객체 내 colormode() 명령을 통해 색상 모드를 변경하여야 한다.

```
colormode(255)    # 0~255 사이의 값으로 RGB 색상을 전달한다.
※ 기존 색상 모드는 colormode(1.0)
```

두 가지 색상 모드를 사용하여 다양한 색상의 선을 그어보는 예제를 실행해보자.

```
import turtle
win = turtle.Screen()              # Screen 객체 생성
t = turtle.Turtle()                # Turtle 객체 생성
t.pencolor(1.0, 0.0, 0.0)          # 빨간색
t.fd(100)

t.pencolor(0.0, 1.0, 0.0)          # 초록색
t.fd(100)

t.pencolor(0.0, 0.0, 1.0)          # 파란색
t.fd(100)

t.pencolor(0.0, 1.0, 1.0)          # 청록색(cyan)
t.fd(100)

t.pencolor(1.0, 0.0, 1.0)          # 마젠타(magenta)
t.fd(100)


t.home()                           # 초기위치로
t.clear()                          # t 객체가 그린 선 모두 삭제


win.colormode(255)                 # 0~255 사이의 수로 RGB 색상 표현
                                   # colormode는 Screen 객체의 명령!
t.pencolor(255, 0, 0)              # 빨간색
t.fd(100)

t.pencolor(0, 255, 0)              # 초록색
t.fd(100)

t.pencolor(0, 0, 255)              # 파란색
t.fd(100)

t.pencolor(0, 255, 255)            # 청록색(cyan)
t.fd(100)

t.pencolor(255, 0, 255)            # 마젠타(magenta)
t.fd(100)
```

※ Turtle 객체의 clear() 명령은 현재까지 Turtle 객체가 그린 선을 모두 지운다.

4.5. 색칠하기

선을 그어 안쪽 부분에 해당하는 영역에 색을 칠할 수 있는 Turtle 객체 내 begin_fill(), end_fill(), fillcolor() 명령이 존재한다. 이 중 fillcolor() 명령은 pencolor, bgcolor 명령과 마찬가지로 색상을 나타내는 문자열이나 RGB 색상 값을 입력으로 받는다.

```
fillcolor(색상)                          # 주어진 색상(문자열)으로 색칠할 색상을 정한다.
fillcolor(red,green,blue) or fillcolor((red,green,blue))
# 주어진 RGB 값으로 색칠할 색상을 정한다.
begin_fill()                            # 색칠을 시작한다.
end_fill()                              # 색칠을 종료한다.
```

색칠 시작(begin_fill) 명령 후, 선을 긋는 작업을 수행한다. 선을 다 그은 후 색칠 종료(end_fill) 명령을 호출하면 사전에 fillcolor() 명령으로 설정한 색상으로 안쪽 영역을 색칠한다.

간단한 네모 모양을 그리고 안쪽 영역을 색칠하는 코드를 작성해보자.

```
import turtle              # turtle 모듈 불러오기
win = turtle.Screen()      # Screen 객체 생성
t = turtle.Turtle()        # Turtle 객체 생성
t.fillcolor('sky blue')    # 색칠할 색상 설정
t.begin_fill()             # 색칠 시작
t.forward(100)             # 영역 그리기
t.right(90)
t.forward(100)
t.right(90)
t.forward(100)
t.right(90)
t.forward(100)
t.end_fill()               # 색칠 종료
```

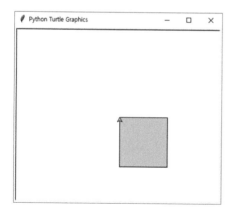

※ 선을 그어 영역을 그릴 때, 꼭 닫힌 영역이 아니라도 안쪽 부분이라고
판단되는 영역에 색이 칠해진다.

4.6. 원 그리기

지금까지 거북이를 이동시켜 선만 그렸지만 거북이 그래픽 모듈은 원이나 원의 일부분인 원호도 그릴 수 있다. Turtle 객체 내 circle() 명령으로 반지름 혹은 반지름과 회전 각도를 동시에 전달한다.

circle(반지름)   # 주어진 반지름을 가지는 원 그리기
circle(반지름,회전각도)
\# 주어진 반지름(단위: 픽셀 수)을 가지는 원을 주어진 회전 각도만큼 그리기

※ 주어진 회전 각도로 회전 시 회전 방향은 반시계(+) 방향이다. 음수의 회전 각도가 주어지면 시계방향으로 회전한다.

예) circle(100,180)   # 100 픽셀의 반지름을 가지는 반원 그리기

반원 그리기를 이용하여 일곱 색깔 무지개를 그리는 코드를 작성해보자. 7개의 영역으로 화면을 분할하여 각 색상의 그리기 시작점을 계획한다. 각 색상의 그리기 시작점으로 이동하여 반원을 그리되, 거북이가 바라보는 방향을 90°로 설정하여 반원 그리기를 시작한다(거북이의 방향이 0°인 상태에서 반원을 그리면 오른쪽으로 볼록한 모양의 반원이 그려진다).

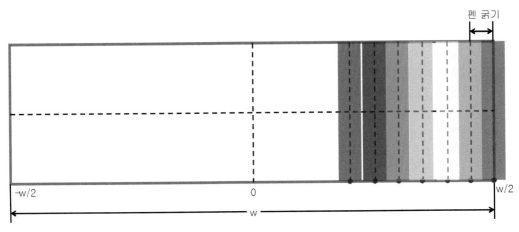

그림 3.9 무지개 그리기를 위한 화면 구획

```
rainbow_size = 500              # 무지개 크기(너비)
pen_size = 30                   # 펜 굵기
import turtle
win = turtle.Screen()           # Screen 객체 생성
t = turtle.Turtle()             # Turtle 객체 생성
t.pensize(pen_size)             # 펜 굵기 설정
t.speed(10)                     # 그리기 속도 설정
```

```
t.setheading(90)                            # 위 쪽을 바라보도록 방향 설정
t.penup()
t.setpos(rainbow_size/2,0)                  # 빨간색 반원 시작 위치로 이동
t.pendown()
t.pencolor('red')
t.circle(rainbow_size/2,180)                # 무지개 크기의 반을 반지름으로
                                            # 180도 반시계 방향으로 회전한 반원 그리기
t.setheading(90)                            # 위 쪽을 바라보도록 방향 설정
t.penup()
t.setpos(rainbow_size/2-pen_size,0)             # 주황색 반원 시작 위치로 이동
t.pendown()
t.pencolor('orange')
t.circle(rainbow_size/2-pen_size,180)           # 반지름을 줄인 주황색 반원 그리기

t.setheading(90)                                # 위 쪽을 바라보도록 방향 설정
t.penup()
t.setpos(rainbow_size/2-2*pen_size,0)           # 노랑색 반원 시작 위치로 이동
t.pendown()
t.pencolor('yellow')
t.circle(rainbow_size/2-2*pen_size,180)         # 반지름을 줄인 노랑색 반원 그리기

t.setheading(90)                                # 위 쪽을 바라보도록 방향 설정
t.penup()
t.setpos(rainbow_size/2-3*pen_size,0)           # 초록색 반원 시작 위치로 이동
t.pendown()
t.pencolor('green')
t.circle(rainbow_size/2-3*pen_size,180)         # 반지름을 줄인 초록색 반원 그리기

t.setheading(90)                                # 위 쪽을 바라보도록 방향 설정
t.penup()
t.setpos(rainbow_size/2-4*pen_size,0)           # 파랑색 반원 시작 위치로 이동
t.pendown()
t.pencolor('blue')
t.circle(rainbow_size/2-4*pen_size,180)         # 반지름을 줄인 파랑색 반원 그리기

t.setheading(90)                                # 위 쪽을 바라보도록 방향 설정
t.penup()
t.setpos(rainbow_size/2-5*pen_size,0)           # 남색 반원 시작 위치로 이동
t.pendown()
t.pencolor('navy')
t.circle(rainbow_size/2-5*pen_size,180)         # 반지름을 줄인 남색 반원 그리기
```

```
t.setheading(90)                            # 위 쪽을 바라보도록 방향 설정
t.penup()
t.setpos(rainbow_size/2-6*pen_size,0)       # 보라색 반원 시작 위치로 이동
t.pendown()
t.pencolor('purple')
t.circle(rainbow_size/2-6*pen_size,180)     # 반지름을 줄인 보라색 반원 그리기
```

위 코드를 실행하면 일곱 개의 색상을 지니는 무지개 그림이 완성된다.

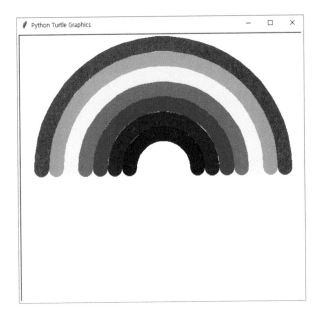

01. 자동판매기 프로그램 작성하기

- 1000원 지폐, 500원 동전, 100원 동전만 사용 가능하다.

- 물건 값을 입력하고, 지불하는 1000원 지폐, 500원 동전과 100원 동전 개수를 입력 받는다.

- 총 거스름돈을 계산한다.

```
물건값을 입력하시오: 1250
1000원 지폐개수: 1
500원 동전개수: 1
100원 동전개수: 0
500원= 0 100원= 2 10원= 5 1원= 0
```

02. 네임 캘리그라피 그리기

- 자신의 이름을 거북이 그래픽 모듈을 이용하여 그린다.

- 색상, 펜 굵기 등을 다양화하여 표현한다.

글씨를 그리다, 캘리그라피

함수

학습목표

- 함수의 의미와 사용법을 익힌다.
- 함수화의 원리를 체득한다.
- Procedural 프로그래밍 패러다임을 이해한다.

1. 함수의 뜻과 분류

거북이 그래픽 모듈의 사용법에 대해 배웠고 이를 이용하여 다양한 그림을 그릴 수 있게 되었다. 하지만, 이전 장들의 예제 코드들을 살펴보면 큰 의미 없이 반복되는 코드를 많이 볼 수 있었다. 이번 장에서는 반복되는 코드들을 함수화하여 가독성과 유지보수성을 높이는 방법에 대해서 알아본다.

함수는 여러 개의 명령어들을 묶어서 한꺼번에 처리할 수 있도록 만든 하나의 명령어 묶음에 이름을 붙인 것이다. 예를 들어, 라면을 끓이기 위해서는 "라면 찾기", "라면 가져오기", "냄비에 물을 넣기", "냄비를 가스레인지에 올리고 끓이기", "라면 봉지 뜯기", "면과 스프를 넣기" 등 수많은 작업들이 필요하다. 로봇에게 라면 끓이는 작업을 시킬 때마다 이런 일련의 작업들을 모두 전달해야 한다면 매우 귀찮은 일이 되겠지만, 이를 모아서 "라면 끓이기"라는 묶음을 만들어 놓으면 명령 하나만으로 라면을 맛볼 수 있게 된다. 이와 같이 반복되거나 그럴 가능성이 높은 작업들을 묶어 함수로 만들어 놓으면 효율적인 코드가 된다.

우리는 이미 아래의 많은 함수들을 배워 사용하고 있다.

- 메시지를 화면에 출력해주는 print(입력)

- 배경 윈도우와 거북이 객체를 생성하는 Screen(), Turtle()

- 거북이를 이동 및 회전시키는 forward(입력), backward(입력), right(입력), left(입력), goto(입력) 등

- 거북이의 모양을 추가하고, 바꾸는 addshape(입력), shape(입력)

- 거북이가 그리는 선의 굵기와 색을 바꾸는 pensize(), pensize(입력), pencolor(), pencolor(입력)

- 키보드를 통해 사용자의 입력을 받는 input(), input(입력)

위 함수들에서도 볼 수 있듯이 함수의 기본적인 동작은 주어진 입력에 따른 출력 값을 내는 것이다. 함수를 호출할 때 전달되는 값이 입력이고 함수가 실행된 후에 도출되거나 함수에서 만들어 내는 값이 출력이다.

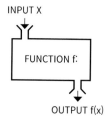

그림 4.1 함수의 입력과 출력

하지만, 입력이나 출력 둘 중 하나가 없는 함수도 있고 입력과 출력 모두 없는 함수도 존재한다. 입력과 출력의 유무에 따라 함수들을 분류해보자.

표 4.1 입력과 출력 유무에 따른 함수의 분류

구분	호출 형태
① 입력과 출력이 모두 없는 함수	함수 이름()
② 입력만 있고 출력이 없는 함수	함수 이름(입력)
③ 입력은 없고 출력만 있는 함수	변수 = 함수 이름()
④ 입력과 출력이 모두 있는 함수	변수 = 함수 이름(입력)

※ 이 때, 입력은 여러 개일 수 있다.

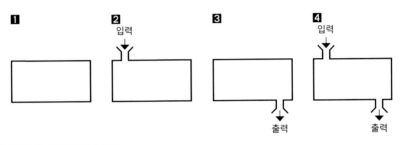

그림 4.2 입력과 출력 유무에 따른 함수 분류

이전 장에서 학습했던 거북이 그래픽 모듈의 함수들을 위 분류에 따라 나누어보자.

2. 함수 정의

파이썬에서 함수를 정의하는 방법은 다음과 같다.

```
def 함수 이름(입력 인자):
ᐯᐯᐯᐯ함수 내용(코드)
ᐯᐯᐯᐯ함수 내용(코드)
ᐯᐯᐯᐯ...
ᐯᐯᐯᐯreturn 반환값
```

- 함수 이름 뒤에는 반드시 소괄호(함수 연산자[17])가 있어야 하고, 이후 콜론(:)이 붙어야 한다.

- 함수 내부의 코드들은 반드시 같은 간격의 들여쓰기(indentation)가 필요하다.

---

17 소괄호는 함수라는 것을 알려주는 함수 연산자 역할을 한다.

※ 들여쓰기는 일반적으로 공백 4칸을 사용한다. 단, 탭(tab)을 사용하는 경우는 개발환경에 따라 공백 4칸이 아닌 경우가 있으니 유의해야 한다.

※ 입력 인자(a.k.a. 파라미터(parameter))가 없으면 생략한다.

※ 출력 값이 없으면 return문 전체를 생략하거나 return만 쓴다.

2.1. 입력과 출력이 모두 없는 함수

함수 정의는 같은 소스파일 내에서 할 수도 있고, 다른 소스파일에서 함수 정의를 하고 그 파일(모듈)을 import하여 사용할 수도 있다. 우선, 같은 소스파일 내에서 입력과 출력이 모두 없는 함수 하나를 정의해보자. "Hello, world!"를 출력하는 함수이고 함수 이름은 printHelloWorld로 정한다.

```
def printHelloWorld():          # 함수 정의
    print('Hello,',end=' ')
    print('world!')


printHelloWorld()               # 함수 호출
```

※ print 함수는 한 개 이상의 문자열을 입력받아 화면에 출력해주는 함수이다. 문자열을 화면에 출력한 후에는 자동으로 줄 바꿈을 하는데, 'end'라는 print함수의 입력 인자에 다른 문자열을 넣어주면 줄 바꿈 대신 해당 문자열이 출력된다.

printHelloWorld 함수는 입력 인자가 없기 때문에 함수 정의 시 함수 이름 뒤에 빈 소괄호만 둔다. 또한 출력도 없기 때문에 return문도 넣어줄 필요가 없다. 이번에는 펜 굵기를 일정 굵기만큼 굵게 해주는 penthicker란 함수와 일정 크기만큼 얇게 해주는 penthinner란 함수를 구현해보자.

```
import turtle
win = turtle.Screen()           # Screen 객체 생성
t = turtle.Turtle()             # Turtle 객체 생성
penthicker()                    # 펜을 더 굵게
t.forward(100)                  # 100 픽셀만큼 앞으로 이동
penthinner()                    # 펜을 더 가늘게
t.forward(100)                  # 100 픽셀만큼 앞으로 이동

def penthicker():
    t.pensize(t.pensize()+1)    # 현재 펜 굵기(pensize())보다
                                # 1 큰 값을 펜 굵기로 설정
def penthinner():
    t.pensize(t.pensize()-1)    # 현재 펜 굵기(pensize())보다
                                # 1 작은 값을 펜 굵기로 설정
```

위와 같이 코드를 작성하여 실행하면 다음과 같은 에러 메시지가 출력된다.

```
Traceback (most recent call last):
  File "C:\Python\[Week4]함수(NoInputNoOutput).py", line 4, in <module>
    penthicker()                          # 펜을 더 굵게
NameError: name 'penthicker' is not defined
```

"penthicker가 정의되지 않았다."라는 에러 메시지로 코드의 4번째 줄에서 penthicker 함수를 호출하지만 penthicker 함수의 정의는 9번째 줄부터 시작하기에 이런 오류가 발생한다.

　　※ 함수는 반드시 사용 전에 정의되어야 한다.

함수를 정의하는 부분을 가장 먼저 넣고 나머지 코드를 작성하여 실행해보자.

```
def penthicker():
    t.pensize(t.pensize()+1)        # 현재 펜 굵기(pensize())보다
                                    # 1 큰 값을 펜 굵기로 설정

def penthinner():
    t.pensize(t.pensize()-1)        # 현재 펜 굵기(pensize())보다
                                    # 1 작은 값을 펜 굵기로 설정

import turtle
win = turtle.Screen()               # Screen 객체 생성
t = turtle.Turtle()                 # Turtle 객체 생성
penthicker()                        # 펜을 더 굵게
t.forward(100)                      # 100 픽셀만큼 앞으로 이동
penthinner()                        # 펜을 더 가늘게
t.forward(100)                      # 100 픽셀만큼 앞으로 이동
```

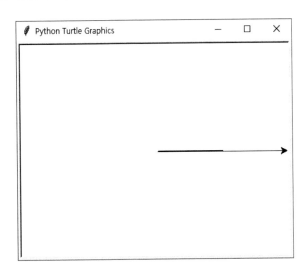

이번에는 다른 소스파일을 새로이 만들어 함수 정의를 하고, 이를 import하여 함수를 호출해보자. import 할 때는 반드시 해당 함수가 정의된 파일의 파일명을 사용하여야 한다. 앞서 작성한 printHelloWorld 함수를 PrintHelloWorld.py라는 파일에 정의하여 저장해두고, 이를 import하여 해당 함수를 호출한다.

```
import PrintHelloWorld          # PrintHelloWorld 모듈(파일) 가져오기
PrintHelloWorld.printHelloWorld() # PrintHelloWorld 모듈의 printHelloWorld 함수 호출
```

※ 이 때, PrintHelloWorld.py 파일도 현재 작업 디렉터리에 위치해야 한다.

```
== RESTART: C:\Python\test.py ==
Hello, world!
```

2.2. 입력만 있고 출력은 없는 함수

forward, backward, left, right, setheading 등의 함수들은 입력만 있고 출력이 없는 함수들이다. 이와 같이 입력만 있고 출력은 없는 정삼각형 그리기 함수를 구현해보자. drawTriangle이라는 함수 이름을 붙이고 그리기를 수행할 거북이 객체와 한 변의 길이를 입력받아 정삼각형을 화면에 그린다.

```
def drawTriangle(target, size):
    target.forward(size)
    target.right(120)
    target.forward(size)
    target.right(120)
    target.forward(size)

import turtle
win = turtle.Screen()
t = turtle.Turtle()

drawTriangle(t,100)
drawTriangle(t,100)
drawTriangle(t,100)
```

```
drawTriangle(t,50)
drawTriangle(t,50)
drawTriangle(t,50)
drawTriangle(t,30)
drawTriangle(t,30)
drawTriangle(t,30)
```

거북이 객체와 한 변의 길이를 입력받기 위해 target과 size라는 입력 인자를 가지고 있고, 출력 값은 없기 때문에 return문은 생략되어 있다. 이를 실행하면 다양한 크기의 삼각형이 그려진다.

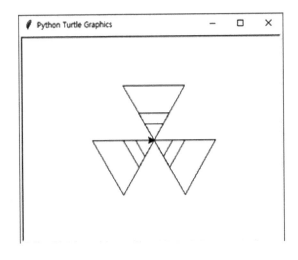

2.3. 입력은 없고 출력만 있는 함수

Screen(), Turtle()과 같은 함수들은 입력은 없지만 출력은 있는 함수이다. Screen 함수는 출력으로 Screen 객체를 반환하고, Turtle 함수 또한 출력으로 Turtle 객체를 반환한다. 즉, 함수 정의 시 입력 인자들이 들어가는 함수 이름 옆 소괄호 안은 비어있지만 return문은 존재한다. 입력은 없지만 출력은 있는 함수로서 math 모듈[18]을 import하여 pi값을 반환하는 함수를 구현해보자.

```
def getPi():
    import math         # math 모듈 불러오기
    return math.pi      # math 객체의 데이터 중 pi 반환


pi = getPi()            # getPi 함수를 호출하여 반환값을 pi 변수에 저장
print(pi)               # pi 변수 출력
```

---

[18] sin, cos, tan, cot 등을 비롯한 삼각함수, 로그 값 계산, 절댓값 연산 등 여러 가지 수학 함수를 가지고 있는 모듈로 수식을 많이 활용하는 프로그램 코딩 시 매우 유용하다.

```
=== RESTART: C:\Python\[Week4]파이값얻기.py ===
3.141592653589793
```

※ math 모듈 내 pi 값을 가져와서 정밀한 원주율로 활용할 수 있다.

2.4. 입력과 출력이 모두 있는 함수

input 함수는 문자열을 입력 인자로 넣어주면 안내 메시지를 출력하고, 사용자가 키보드로 입력한 문자열을 반환해주는 입력과 출력이 모두 있는 함수이다.

```
>>> s = input('입력:')
입력:함수는 참 편리한 것 같아
>>> s
'함수는 참 편리한 것 같아'
```

입력과 출력이 모두 있는 함수로서 두 수를 입력받아 두 수 중 큰 수를 반환하는 max 함수를 구현해보자. 함수 정의 시 두 개의 수가 입력 인자로 주어지고 큰 수를 반환하는 return문도 존재해야 한다.

```
def max(num1, num2):        # num1과 num2를 입력받는 max 함수 정의
    if (num1 > num2):       # 만약(if) num1이 num2보다 크다면,
        max = num1          # 최댓값(max)은 num1이다.
    else:                   # 그렇지 않다면(num1이 num2보다 크지 않다면),
        max = num2          # 최댓값(max)은 num2이다.
    return max              # 최댓값(max) 반환

print(max(14,7))            # 14와 7중 최댓값 출력
```

```
==== RESTART: C:\Python\[Week4]두수중최대값구하기.py ===
14
```


3. 함수화

'ㄱ'을 그리는 코드를 생각해보자. 하나는 (−100,0)으로 이동하여 50 픽셀 크기의 'ㄱ'을 그리는 코드, 또 다른 하나는 (100,20)으로 이동하여 100 픽셀 크기의 'ㄱ'을 그리는 코드이다.

```
import turtle
win = turtle.Screen()      # Screen 객체 생성
t = turtle.Turtle()        # Turtle 객체 생성
t.penup()                  # 시작 위치로 이동하기 전 펜 올리기
t.goto(-100, 0)            # 그리기를 시작할 위치로 이동
```

```
t.setheading(0)          # 그리기를 시작할 각도로 회전
t.pendown()              # 펜 내려서 그리기 시작
t.forward(50)            # 'ㄱ'그리기
t.right(90)
t.forward(50)
```

```
import turtle
win = turtle.Screen()    # Screen 객체 생성
t = turtle.Turtle()      # Turtle 객체 생성
t.penup()                # 시작 위치로 이동하기 전 펜 올리기
t.goto(100, 20)          # 그리기를 시작할 위치로 이동
t.setheading(0)          # 그리기를 시작할 각도로 회전
t.pendown()              # 펜 내려서 그리기 시작
t.forward(100)           # 'ㄱ'그리기
t.right(90)
t.forward(100)
```

위 두 개의 코드의 대부분이 중복되는 것을 볼 수 있다. 시작 위치와 크기만 변화하고 'ㄱ' 그리기라는 핵심적인 기능은 동일함에도 불구하고 매번 코드를 재작성하여야 하므로 매우 비효율적이다.

반복되는 명령어들을 묶어서 함수로 만드는 것을 함수화(化)라고 한다. 이를 통해 큰 의미 없이 중복되는 코드들을 없앨 수 있어 가독성이 높아지고, 프로그램 사양 및 기능 변경으로 인한 수정 작업 시 해당 기능을 담당하는 함수만을 수정하면 되기 때문에 유지보수성 또한 크게 향상된다.

함수화는 다음과 같은 단계로 이루어진다.

1. 코드에서 중복된 부분을 찾는다.
2. 중복된 부분을 함수 내용으로 넣고 함수 이름을 붙인다.
3. 코드에서 달라지는 부분을 찾는다.
4. 변경되는 부분을 입력 인자로 빼준다.

두 개의 'ㄱ' 그리기 코드를 이용하여 함수화의 각 단계를 수행해보자.

01. 코드에서 중복된 부분을 찾는다.

```python
import turtle
win = turtle.Screen()
t = turtle.Turtle()
t.penup()
t.goto(-100, 0)
t.setheading(0)
t.pendown()
t.forward(50)
t.right(90)
t.forward(50)
```

```python
import turtle
win = turtle.Screen()
t = turtle.Turtle()
t.penup()
t.goto(100, 20)
t.setheading(0)
t.pendown()
t.forward(100)
t.right(90)
t.forward(100)
```

↓

```python
import turtle
win = turtle.Screen()
t = turtle.Turtle()
t.penup()
t.goto(   ,   )
t.setheading(0)
t.pendown()
t.forward(   )
t.right(90)
t.forward(   )
```

02. 중복된 부분을 함수 내용으로 넣고 함수 이름을 붙인다.

```python
def Giyeok():
    import turtle
    win = turtle.Screen()
    t = turtle.Turtle()
    t.penup()
    t.goto(   ,   )
    t.setheading(0)
    t.pendown()
    t.forward(   )
    t.right(90)
    t.forward(   )
```

03. 코드에서 달라지는 부분을 찾는다.

```
import turtle
win = turtle.Screen()
t = turtle.Turtle()
t.penup()                    ┌── x좌표 -> 'x'
t.goto(-100, 0)
t.setheading(0)              └── y좌표 -> 'y'
t.pendown()
t.forward(50)
t.right(90)                  크기 -> 'size'
t.forward(50)
```

04. 변경되는 부분을 입력 인자로 빼준다.

```
def Giyeok(x, y, size):
    import turtle
    win = turtle.Screen()
    t = turtle.Turtle()
    t.penup()
    t.goto(x, y)
    t.setheading(0)
    t.pendown()
    t.forward(size)
    t.right(90)
    t.forward(size)
```

함수화를 통해 만들어진 Giyeok 함수를 입력 인자만 다르게 주면서 호출하면, 각기 다른 위치에 다양한 크기의 'ㄱ'을 그릴 수 있다.

```
def Giyeok(x,y,size):
    import turtle
    win = turtle.Screen()        # Screen 객체 생성
    t = turtle.Turtle()          # Turtle 객체 생성
    t.penup()                    # 시작 위치로 이동하기 전 펜 올리기
    t.goto(x, y)                 # 그리기를 시작할 위치로 이동
    t.setheading(0)              # 그리기를 시작할 각도로 회전
    t.pendown()                  # 펜 내려서 그리기 시작
    t.forward(size)              # 'ㄱ'그리기
    t.right(90)
    t.forward(size)
    return
```

```
Giyeok(-200,200,100)
Giyeok(0,0,50)
Giyeok(200,-100,150)
```

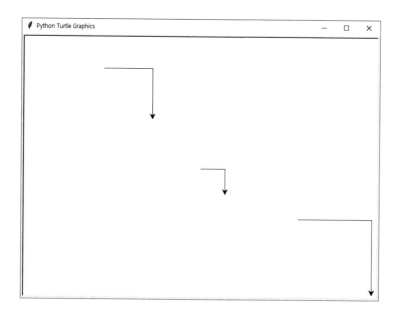

4. 함수의 활용

집은 지붕, 문, 창문, 벽 등 다양한 요소들로 구성된다. 집 그리기 프로그램을 최대한 함수를 이용하여 작성해보자. 집을 단순히 지붕과 몸체로 구성된다고 가정하고, 지붕은 삼각형, 몸체는 사각형으로 그린다. 우선, 집의 중심점을 그리기 시작점으로 하고 이 지점을 기준으로 집을 그리는 프로그램을 생각해보자.

- 그리기 시작점 위치의 좌표는 (x, y)이다.

- 지붕의 너비는 roof_width, 높이는 roof_height라고 한다.

- 마찬가지로, 몸체의 너비는 body_width, 높이는 body_height라고 한다.

- 지붕의 꼭짓점 3개와 몸체의 꼭짓점 4개의 좌표를 계산한다.

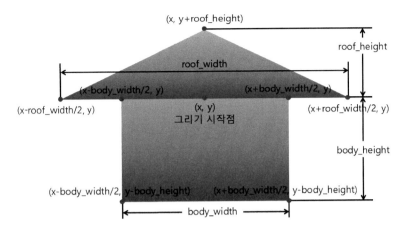

그림 4.3 집 그리기 설계도면

집 그리기 작업을 draw_house라는 하나의 함수로 구현하고, 집 그리기 함수(draw_house) 내에서 지붕 그리기 함수(draw_roof)와 몸체 그리기 함수(draw_body)를 호출한다.

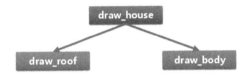

그림 4.4 집을 그리기 위한 함수 호출 관계

집을 그리기 위해서는 지붕과 몸체의 위치와 모양, 색상 정보가 필요하다. 즉, draw_house의 입력 인자는 다음과 같다.

- 집을 그릴 시작점 좌표 —> x, y

- 지붕과 몸체의 꼭짓점 좌표(roof_width, roof_height, body_width, body_height 이용)

- 지붕과 몸체의 색상 —> roof_color, body_color

함수	draw_house	
	draw_roof	draw_body
입력 인자	x, y	
	roof_width, roof_height, roof_color	body_width, body_height, body_color

```
''' 집 그리기 함수 정의'''
def draw_house(x,y,                          # 시작점 좌표
               roof_width, roof_height,      # 지붕 너비, 높이
               body_width, body_height,      # 몸체 너비, 높이
               roof_color,body_color):       # 지붕 색상, 몸체 색상
    draw_roof(x,y,roof_width,roof_height,roof_color)        # 지붕 그리기
    draw_body(x,y,body_width,body_height,body_color)        # 몸체 그리기


def draw_roof(x,y,roof_width,roof_height,roof_color):       # 지붕 그리기 함수 정의
    t.penup()
    t.goto(x,y)                  # 시작점으로 이동
    t.setheading(0)              # 초기 방향은 0도라고 가정
    t.fillcolor(roof_color)
    t.begin_fill()
    t.pendown()
    t.goto(x+roof_width/2,y)
    t.goto(x,y+roof_height)
    t.goto(x-roof_width/2,y)
    t.goto(x,y)
    t.end_fill()


def draw_body(x,y,body_width,body_height,body_color):   # 몸체 그리기 함수 정의
    t.penup()
    t.goto(x,y)                  # 시작점으로 이동
    t.setheading(0)              # 초기 방향은 0도라고 가정
    t.fillcolor(body_color)
    t.begin_fill()
    t.pendown()
    t.goto(x+body_width/2,y)
    t.goto(x+body_width/2,y-body_height)
    t.goto(x-body_width/2,y-body_height)
    t.goto(x-body_width/2,y)
    t.goto(x,y)
    t.end_fill()
```

```
import turtle          # turtle 모듈 불러오기
win = turtle.Screen()  # Screen 객체 생성
t = turtle.Turtle()    # Turtle 객체 생성
draw_house(0,0,200,100,150,120,'snow3','deep sky blue')    # 집 그리기
```

위 코드에서 draw_house, draw_roof, draw_body 함수를 정의한 부분을 제외하면, turtle 모듈을 import하고 draw_house 함수를 호출하는 간결한 코드가 된다.

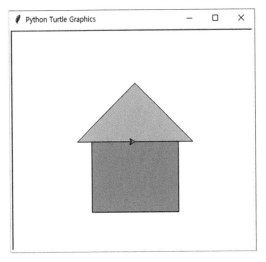

그림 4.5 집 그리기 함수 실행 결과

5. Procedural 프로그래밍

프로시저(procedure)는 특정 동작을 수행하는 일정 코드 부분을 의미하며 일반적인 응용분야에서는 함수와 동일한 의미를 가진다. 집 그리기 작업은 단순히 draw_house 함수(프로시저)를 호출함으로써 실행되지만, 함수 내부에서 draw_roof와 draw_body 프로시저를 호출한다. 또한 각각의 프로시저를 실행하면서 goto, pendown, setheading, fillcolor 등의 프로시저를 호출한다. 이처럼 여러 가지 **프로시저가 실행됨으로써 전체 하나의 프로그램이 구동**되도록 하는 프로그래밍을 **procedural 프로그래밍**[19]이라고 한다. 순차적 프로그래밍(sequential programming)과 대비되는 프로그래밍 패러다임의 일종이다. procedural 프로그래밍은 다음 특징들을 가지고 있다.

- 해당 프로시저 내에서 정의한 변수는 다른 프로시저에서 사용할 수 없다.

  예) draw_body 함수에서는 roof_width 사용 불가

- 크고 복잡한 프로그램을 작성할 때 필요한 모듈성을 부여한다.

---

19 '절차적 프로그래밍'이라고도 하지만, 이와 같은 번역은 순차적 프로그래밍과 혼동을 유발하므로 사용을 지양한다.

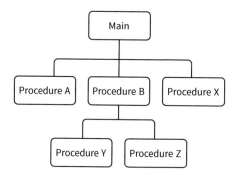

그림 4.6 프로시저 호출 개념도

'ㄱ' 그리기를 Giyeok함수로 만든 함수화 과정에서 살펴볼 수 있었듯이 프로시저(함수)의 장점은 명확하다. 중복된 코드를 제거함으로써 전체 코드가 짧아지고 간결해진다. 따라서 메모리 사용량이 감소하고 이는 비용 감소로 이어진다. 만약 집 그리기 작업에서 지붕 모양을 삼각형이 아닌 사다리꼴로 바꾸고 싶다면? 다른 위치에 집을 그리고 싶다면? 이와 같이 수정 및 추가 작업이 필요할 때 해당 부분만 수정하면 되므로 유지 관리가 쉬워진다. 또한 함수들이 정의된 파일(모듈)을 다른 프로그램에서 import하여 재사용 가능하다. 함수를 전혀 쓰지 않고 집 그리기 코드를 작성해보자.

```python
import turtle                 # turtle 모듈 불러오기
win = turtle.Screen()         # Screen 객체 생성
t = turtle.Turtle()           # Turtle 객체 생성
x = 0; y = 0; roof_width = 200; roof_height = 100
body_width = 150; body_height = 120
roof_color = 'snow3'; body_color = 'deep sky blue'
t.penup()
t.goto(x,y)                   # 시작점으로 이동
t.setheading(0)               # 초기 방향은 0도라고 가정
t.fillcolor(roof_color)
t.begin_fill()
t.pendown()
t.goto(x+roof_width/2,y)
t.goto(x,y+roof_height)
t.goto(x-roof_width/2,y)
t.goto(x,y)
t.end_fill()
t.penup()
t.goto(x,y)                   # 시작점으로 이동
t.setheading(0)               # 초기 방향은 0도라고 가정
t.fillcolor(body_color)
t.begin_fill()
t.pendown()
```

```
t.goto(x+body_width/2,y)
t.goto(x+body_width/2,y-body_height)
t.goto(x-body_width/2,y-body_height)
t.goto(x-body_width/2,y)
t.goto(x,y)
t.end_fill()
```

코드를 읽기 쉽지 않다. 함수의 또 다른 장점 중 하나는 가독성이 향상된다는 점이다. 함수를 사용하여 구현했던 이전 코드와 비교하면 그 차이를 분명히 확인할 수 있다. 실행하는데 문제가 생기거나 수정이 필요한 상황이 아니면 draw_house 함수 내 코드를 볼 필요가 없다.

```
import turtle                  # turtle 모듈 불러오기
win = turtle.Screen()          # Screen 객체 생성
t = turtle.Turtle()            # Turtle 객체 생성
draw_house(0,0,200,100,150,120,'snow3','deep sky blue')      # 집 그리기
```

01. 자신의 이름을 화면에 써보기

- 한 변의 길이를 100으로 설정하고, 주어지지 않은 것은 적절히 설정한다.

- 최대한 함수를 사용하여 자음과 모음을 그린다.

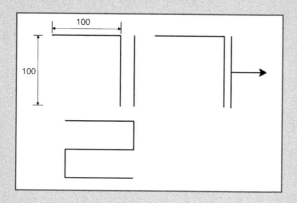

02. 여러 개의 집으로 구성된 마을 그리기

- 2개 이상의 집을 그린다.

- 각각의 집은 지붕, 몸체, 창문, 문으로 구성하고, 각각은 색상이 달라야 한다.

- 최대한 함수를 사용한다.

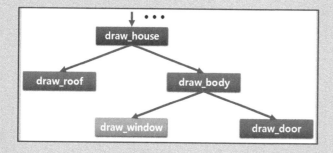

조건문과 반복문

학습목표

▪ 순차 구조 외에 선택 구조와 반복 구조에 대해 이해한다.

▪ 조건문과 반복문 구현 방법을 습득한다.

1. 순차 구조, 선택 구조 그리고 반복 구조

대부분의 프로그래밍 언어[20]의 경우 소스파일 내 코드들은 순차적으로 실행된다.

```
print('첫 번째 줄 실행')
print('두 번째 줄 실행')
print('세 번째 줄 실행')
print('네 번째 줄 실행')
print('다섯 번째 줄 실행')
```

```
= RESTART: C:\Python\test.py =
첫 번째 줄 실행
두 번째 줄 실행
세 번째 줄 실행
네 번째 줄 실행
다섯 번째 줄 실행
```

명령이 순차적으로 실행되는 순차(sequence) 구조 외에 선택(selection) 구조와 반복(iteration) 구조가 있다.

- **순차 구조**: 명령어들이 순차적으로 실행된다.

- **선택 구조**: 둘 중 하나의 명령어 흐름을 선택하여 실행한다.

- **반복 구조**: 동일한 명령어들이 반복되면서 실행된다.

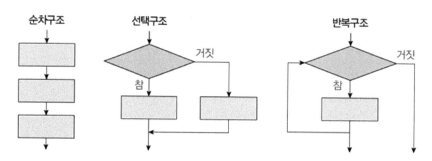

그림 5.1 순차 구조, 선택 구조, 반복 구조

"삶은 선택의 연속이다."라는 말이 있는 것처럼 우리는 수많은 선택 상황에서 결정을 내리면서 살아가게 된다. 예를 들어, 비가 오면 우산을 가져가고 그렇지 않으면 우산을 가져가지 않는 것, 눈이 오면 대중교통을 이용하고 눈이 오지 않으면 자가용으로 출근하는 것처럼 두 개 또는 그 이상의 작업들 중 하

---

20 일부 하드웨어 관련 프로그래밍 언어(Hardware Description Language, HDL)들은 제외한다.

나를 선택해야 하는 경우가 생긴다. 프로그램 또한 사람의 작업을 대신 해주므로 이와 같은 선택 구조가 발생한다.

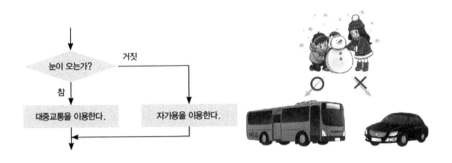

그림 5.2 선택 구조

자율주행 자동차의 주행 프로그램은 신호등 색깔에 따라 초록 불이면 멈추지 않아야 하고 빨간 불이면 멈추어야 한다. 하지만 초록 불이라도 앞에 장애물이 있고 충돌이 예상된다면 멈추어야 한다. 또한 현재 눈이나 비가 오고 있다면 제동 거리가 길어지기 때문에 좀 더 일찍 혹은 좀 더 빠르게 감속하여야 한다. 이처럼 조건이 복잡해질수록 프로그램은 좀 더 똑똑해진다.

2. 관계 연산자(relation operator)

선택 구조에서 사용하는 조건은 참과 거짓을 판별할 수 있는 문장이어야 하고, 일반적으로 관계 연산자가 활용된다. 관계 연산자는 2개 또는 그 이상의 값이나 식을 비교하여, 그 대소 관계 혹은 같거나 다른 관계를 판단하기 위해 사용되는 연산자를 말한다.

※ 파이썬에서 참은 True, 거짓은 False이다. 대소문자 구분에 유의해야 한다.

표 5.1 관계 연산자

연산자	의미	예	결과 값
==	같은가?	3 == 3	True
		999 == '999'	False
!=	다른가?	'a' != 'a'	False
		'Kim' != 'kim'	True
>	큰가?	'b' > 'a'	True
		'abc' > 'abd'	False

연산자	의미	예	결과 값
<	작은가?	3.0 < 3	False
		3 < 3.14	True
>=	크거나 같은가?	3 >= 3	True
		'abc' >= 'abC'	False
<=	작거나 같은가?	'b' <= 'ab'	False
		3 <= 3.0	True

관계 연산자들은 정수, 실수, 문자열 관계없이 모두 비교 가능하다. 몇 가지 예를 실습해보자.

```
>>> 7 == 7
True
>>> 'KIM' != 'kim'
True
>>> 3 < 3.0
False
>>> 999 == '999'     # 999는 숫자(정수), '999'는 문자열
False
>>> age = 20
>>> age > 19
True
>>> 'a' < 'b'
True
>>> 'ab' >= 'b'
False
>>> 'abC' > 'abc'  # 대문자 C와 소문자 c 중 어느 것이 더 클까?
False
```

마지막 문장은 알파벳 대문자와 소문자를 비교하는 예시로 대문자보다 소문자가 더 크다고 인식한다는 것을 알 수 있다. 컴퓨터는 이진수만 읽을 수 있으므로 문자 또한 이진수로 인코딩(encoding, 변환)하여 전달된다. 이와 같은 문자 인코딩 중 대표적인 방식이 아스키 코드(American Standard Code for Information Interchange, ASCII Code)이다.

Dec	Hex	Oct	Char	Dec	Hex	Oct	Char	Dec	Hex	Oct	Char	Dec	Hex	Oct	Char
0	0	0		32	20	40	(space)	64	40	100	@	96	60	140	`
1	1	1		33	21	41	!	65	41	101	A	97	61	141	a
2	2	2		34	22	42	"	66	42	102	B	98	62	142	b
3	3	3		35	23	43	#	67	43	103	C	99	63	143	c
4	4	4		36	24	44	$	68	44	104	D	100	64	144	d
5	5	5		37	25	45	%	69	45	105	E	101	65	145	e
6	6	6		38	26	46	&	70	46	106	F	102	66	146	f
7	7	7		39	27	47	'	71	47	107	G	103	67	147	g
8	8	10		40	28	50	(	72	48	110	H	104	68	150	h
9	9	11		41	29	51	)	73	49	111	I	105	69	151	i
10	A	12		42	2A	52	*	74	4A	112	J	106	6A	152	j
11	B	13		43	2B	53	+	75	4B	113	K	107	6B	153	k
12	C	14		44	2C	54	,	76	4C	114	L	108	6C	154	l
13	D	15		45	2D	55	-	77	4D	115	M	109	6D	155	m
14	E	16		46	2E	56	.	78	4E	116	N	110	6E	156	n
15	F	17		47	2F	57	/	79	4F	117	O	111	6F	157	o
16	10	20		48	30	60	0	80	50	120	P	112	70	160	p
17	11	21		49	31	61	1	81	51	121	Q	113	71	161	q
18	12	22		50	32	62	2	82	52	122	R	114	72	162	r
19	13	23		51	33	63	3	83	53	123	S	115	73	163	s
20	14	24		52	34	64	4	84	54	124	T	116	74	164	t
21	15	25		53	35	65	5	85	55	125	U	117	75	165	u
22	16	26		54	36	66	6	86	56	126	V	118	76	166	v
23	17	27		55	37	67	7	87	57	127	W	119	77	167	w
24	18	30		56	38	70	8	88	58	130	X	120	78	170	x
25	19	31		57	39	71	9	89	59	131	Y	121	79	171	y
26	1A	32		58	3A	72	:	90	5A	132	Z	122	7A	172	z
27	1B	33		59	3B	73	;	91	5B	133	[	123	7B	173	{
28	1C	34		60	3C	74	<	92	5C	134	\	124	7C	174		
29	1D	35		61	3D	75	=	93	5D	135	]	125	7D	175	}
30	1E	36		62	3E	76	>	94	5E	136	^	126	7E	176	~
31	1F	37		63	3F	77	?	95	5F	137	_	127	7F	177	

그림 5.3 아스키 코드표

아스키 코드표를 참고하면 대문자 'A'가 십진수(decimal)로 65이고, 소문자 'a'는 97이므로 소문자가 대문자보다 오히려 더 크다. 참고로 'Hex'는 16진수(hexadecimal), 'Oct'는 8진수(octal number)를 나타낸다.

3. 조건문(conditional)

프로그램 내에서 선택 구조는 조건문으로 구현한다. 조건문은 '만약(if) ~라면'이라는 의미의 'if', '그렇지는 않고(else) 만약(if) ~라면'이라는 의미의 'elif' 그리고 '그렇지 않다면'이라는 의미의 'else' 키워드가 사용된다. 'if'를 제외한 나머지 'elif', 'else' 키워드들은 필요에 따라 추가하는 것으로 필수적이지는 않다.

```
if 조건A:
∨∨∨∨조건A가 참이면 수행할 코드
∨∨∨∨...
∨∨∨∨if 조건A2:
∨∨∨∨∨∨∨∨조건A, A2가 모두 참이면 수행할 코드
∨∨∨∨∨∨∨∨...
elif 조건B:
∨∨∨∨조건A가 거짓이고, 조건B가 참이면 수행할 코드
```

```
 ∨∨∨∨...
 elif 조건C:
 ∨∨∨∨조건A, B가 모두 거짓이고, 조건C가 참이면 수행할 코드
 ∨∨∨∨...
 else:
 ∨∨∨∨조건A, B, C가 모두 거짓이면 수행할 코드
 ∨∨∨∨...
```

두 개의 수를 입력받고 두 수 중 큰 수를 출력하는 프로그램을 조건문으로 작성해보자.

```
x = int(input('첫번째 수: '))        # 키보드로 입력받아 정수로 변환 후 x에 저장
y = int(input('두번째 수: '))        # 키보드로 입력받아 정수로 변환 후 y에 저장
if x > y:          # x가 y보다 크다면,
    max = x        # 큰 수는 x
else:              # 그렇지 않다면(x가 y보다 크지 않다면),
    max = y        # 큰 수는 y
print("두 수 중 큰 수는", max,'이다')          # 결과 출력
```

```
====== RESTART: C:/Python/[Week5]큰수구하기.py =====
첫번째 수: 7
두번째 수: 3
두 수 중 큰 수는 7 이다
```

이번에는 점수를 입력하면 그 점수에 해당하는 학점이 출력되는 프로그램을 실행해보자.

```
# 키보드로 입력받은 문자열을 정수로 변환
score = int(input('소프트웨어디자인 예상 점수: '))
if score>=90:      # 점수가 90점 이상이면
    grade = 'A'
    if score==100:# 점수가 90점 이상이고, 100점과 같다면,
        grade = 'A+'
elif score>=80:    # 점수가 90점 이상은 아니고, 80점 이상이면,
    grade = 'B'
elif score>=70:    # 이전 조건들이 모두 거짓이고, 70점 이상이면,
    grade = 'C'
elif score>=60:    # 이전 조건들이 모두 거짓이고, 60점 이상이면,
    grade = 'D'
else:              # 이전 조건들이 모두 거짓이면 즉 60점 미만이라면,
    grade = 'F'
print('당신의 소프트웨어디자인 학점은 ',grade,'입니다.')
```

```
================ RESTART: C:/Python/[Week5]학점출력.py ================
소프트웨어디자인 예상 점수: 77
당신의 소프트웨어디자인 학점은  C 입니다.
>>>
================ RESTART: C:/Python/[Week5]학점출력.py ================
소프트웨어디자인 예상 점수: 100
당신의 소프트웨어디자인 학점은  A+ 입니다.
>>>
================ RESTART: C:/Python/[Week5]학점출력.py ================
소프트웨어디자인 예상 점수: 90
당신의 소프트웨어디자인 학점은  A 입니다.
>>>
================ RESTART: C:/Python/[Week5]학점출력.py ================
소프트웨어디자인 예상 점수: 59
당신의 소프트웨어디자인 학점은  F 입니다.
```

4. 논리 연산자(logical operator)

2개 이상의 조건이 있다면, and, or, not과 같은 논리 연산자가 필요하다.

표 5.2 논리 연산자

연산자	예	의미
and	x and y	AND 연산, x와 y 모두 참이면 참, 그렇지 않으면 거짓
or	x or y	OR 연산, x 또는 y 둘 중 하나가 참이면 참, 모두 거짓이면 거짓
not	not x	NOT 연산, x가 참이면 거짓, x가 거짓이면 참

나이가 10세 이상이고 키가 130 cm 이상인 경우에만 탈 수 있는 놀이기구가 있을 때, 탈 수 있는지 확인하는 프로그램을 논리 연산자를 이용하여 작성해보자.

```python
age = int(input('당신의 나이는 몇 세입니까? '))
height = int(input('당신의 키는 몇 cm입니까? '))
if age >= 10 and height >= 130:
    print('놀이기구를 탈 수 있습니다.')
else:
    print('놀이기구를 탈 수 없습니다.')
```

```
======= RESTART: C:\Python\test.py ======
당신의 나이는 몇 세입니까? 20
당신의 키는 몇 cm입니까? 170
놀이기구를 탈 수 있습니다.
>>>
======= RESTART: C:\Python\test.py ======
당신의 나이는 몇 세입니까? 9
당신의 키는 몇 cm입니까? 135
놀이기구를 탈 수 없습니다.
>>>
======= RESTART: C:\Python\test.py ======
당신의 나이는 몇 세입니까? 10
당신의 키는 몇 cm입니까? 128
놀이기구를 탈 수 없습니다.
```

나이(age)와 키(height) 두 가지 조건을 모두 만족해야 하므로 and 연산자를 사용하였고, 나이나 키 둘 중 하나라도 주어진 조건을 충족하지 못하는 경우 놀이기구를 탈 수 없다는 메시지가 출력된다.

지구가 태양을 공전하는 시간은 365.2422일이므로 달력의 계절과 실제 계절이 점차 어긋나게 된다. 따라서 4년에 한 번씩 윤년을 삽입하여 이 어긋남을 조절하게 되는데 2020년은 2월 29일이 존재하는 윤년이다. 윤년은 다음 조건들을 만족해야 한다.

- 연도가 4로 나누어 떨어진다.

- 100으로 나누어 떨어지는 연도는 제외한다.

- 400으로 나누어 떨어지는 연도는 윤년이다.

연도가 4로 나누어 떨어지더라도 100으로 나누어 떨어지면 윤년이 아니고, 100으로 나누어 떨어지는 연도라도 400으로 나누어 떨어지면 윤년이 되는 복잡한 조건이다. 이를 좀 더 정리하여 윤년이 되는 조건을 2개의 조건으로 기술하면 다음과 같다.

- 4로 나누어 떨어지고, 100으로 나누어 떨어지지 않는다.

- 400으로 나누어 떨어진다.

위 2개의 조건 중 하나라도 만족하면 윤년이 된다.

연도를 입력하면 윤년인지 확인해주는 프로그램을 작성해보자.

```python
year = int(input('연도를 입력하시오: '))
# 윤년이 되는 조건 삽입
# 조건1: 4로 나누어 떨어지고, 100으로 나누어 떨어지지 않는다.
# 조건2: 400으로 나누어 떨어진다.
# 둘 중 하나의 조건이라도 만족하면(if 조건1 or 조건2)
if (year%4 == 0 and year%100 != 0) or year%400 == 0:
    print(year,'년은 윤년이다.')
else:
    print(year,'년은 윤년이 아니다.')
```

```
= RESTART: C:/Python/[Week5]놀이기구(논리연산자).py
연도를 입력하시오: 2000
2000 년은 윤년이다.
>>>
= RESTART: C:/Python/[Week5]놀이기구(논리연산자).py
연도를 입력하시오: 2020
2020 년은 윤년이다.
>>>
= RESTART: C:/Python/[Week5]놀이기구(논리연산자).py
연도를 입력하시오: 2100
2100 년은 윤년이 아니다.
```

2000년은 400으로 나누어 떨어지기 때문에 윤년, 2020년도 4로 나누어 떨어지기 때문에 윤년이 되지만, 2100년은 100으로 나누어 떨어지기 때문에 윤년이 아님을 확인할 수 있다.

5. 반복문(loop)

우리가 길을 건널 때 이용하는 신호등은 초록색 불, 노란색 불, 빨간색 불이 순차적으로 들어오고 이 같은 작업은 반복적으로 수행된다. 또한 항상 새롭고 흥미로운 것들을 좋아하는 사람들에 비해 동일한 작업을 오류 없이 반복하는 것은 컴퓨터가 아주 잘할 수 있는 일이다. 동일한 기능이나 문장을 계속 반복(iteration)하는 반복 구조를 사용하면 프로그램이 간결해진다. 예를 들어, 동일한 문장을 100번 출력하는 스크립트가 필요할 때 문장을 출력하는 코드를 100번 작성하는 것보다 100번 반복하는 반복 구조에 문장을 출력하는 한 줄의 코드를 넣는 것이 훨씬 더 효율적이다.

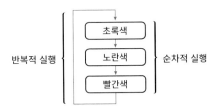

그림 5.4 반복 구조를 가지는 신호등

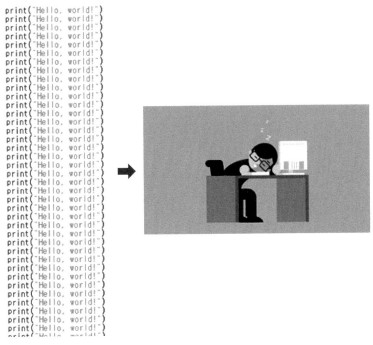

그림 5.5 반복하는 작업의 어려움

어떤 문제가 주어졌을 때, 반복 구조를 적용하기 위해서는 공통적으로 가지고 있는 유사성이나 특징(규칙)을 찾는 패턴 인식(Pattern Recognition)이 필요하다. 문제에서 찾아낸 규칙을 반복 적용한다면 문제를 해결할 수 있다.

5.1. while문

반복문을 구현하는 방법 중 하나는 조건을 만족하는 경우 명령들을 반복하여 실행하는 while문을 사용하는 것이다.

```
while 조건:
ㅇㅇㅇㅇ조건이 참이면 반복 수행할 코드
ㅇㅇㅇㅇ...
```

조건문과 마찬가지로 반복 수행할 코드들은 모두 같은 간격의 들여쓰기가 필요하다.

특정 문장을 5번 반복하여 출력하는 간단한 예제 코드를 실행해보자.

```
i = 1                   # 인덱스 변수 초기화
while i < 5:             # 반복문 조건 체크
    print(i,'번째 실행')
    i = i + 1           # 인덱스 변수 증가
print('반복문 종료')
```

while문 사용 시, 가장 먼저 반복 횟수 카운트를 위한 인덱스 변수를 초기화한다. 이후 while문을 작성하고 반복문 내에서 인덱스 변수 값을 증감한다.

```
= RESTART: C:\Python\test.py
1 번째 실행
2 번째 실행
3 번째 실행
4 번째 실행
반복문 종료
```

이번에는 거북이 그래픽 모듈을 이용하여 거북이를 조금씩 앞으로 이동시키면서 배경 윈도우 오른쪽 끝까지 이동시켜보자. 배경 윈도우의 너비 값을 읽은 후 거북이의 x좌표가 너비 값에 도달할 때까지 거북이를 반복적으로 앞으로 이동시켜야 한다.

```
import turtle
win = turtle.Screen()
t = turtle.Turtle('turtle')
w = win.window_width()
```

```
while t.xcor() < w/2:      # 거북이의 x좌표가 화면 끝에 도달하지 않았다면 반복
    t.forward(10)          # 10 픽셀 앞으로 이동
t.color('red')             # 화면 끝 도달 시 거북이를 빨간 색으로 변경
```

※ Turtle 객체 내 xcor(), ycor() 명령은 현재 거북이의 x좌표, y좌표를 반환한다.

while문은 인덱스 변수를 초기화하고 이를 증감하여 일정 횟수만큼 반복하는 반복문보다, 반복 횟수가 정해지지 않은 반복문을 구현할 때 적합하다.

5.2. for문

for문은 while문과는 달리 정해진 횟수만큼 반복하는 반복문을 구현할 때 사용된다.

```
# 변수를 start에서 step만큼 변경시키면서 stop 전까지 반복
for 변수 in range(start, stop, step):
ㄴㄴㄴㄴ반복 수행할 코드
ㄴㄴㄴㄴ...
```

for문을 이용하여 1부터 10까지 출력하는 코드를 작성해보자.

```
for i in range(1,11,1): # 1부터 10까지 1씩 변경하면서
    print(i)
```

```
= RESTART: C:\Python\test.py
1
2
3
4
5
6
7
8
9
10
```

위 코드에서 'range(1,11,1)'은 'range(1,11)'로 대체가 가능한데, 이는 range 함수의 특징으로 입력 인자를 1~3개까지 다양하게 받을 수 있고 그에 따라 동작이 달라진다.

```
range(start, stop, step)    # start에서 stop 전까지 step만큼의 간격으로 정수를 생성한다.
range(start, stop)          # start에서 stop 전까지 1만큼의 간격으로 정수를 생성한다.
range(stop)                 # 0부터 stop 전까지 1만큼의 간격으로 정수를 생성한다.
```

range()를 통해 생성된 정수는 변수에 대입되어 차례대로 for문을 동작시킨다.

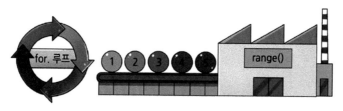

그림 5.6 일정한 간격으로 정수를 생성하여 for문을 구동시키는 range 함수

range()의 입력 인자 중 하나인 간격(step)에는 양수뿐만 아니라 음수도 넣을 수 있어 감소하는 형태로 정수를 생성할 수 있다. 또한 증가하거나 감소하는 형태에 관계없이 생성된 정수가 stop을 넘어서는 정수는 생성되지 않는다. 몇 가지 예제를 실행해보자.

```
for x in range(10,0,-3):    # 10부터 1까지 -3간격으로 정수를 생성하여 반복
    print(x)


for x in range(3,5):        # 3부터 4까지 1간격으로 정수를 생성하여 반복
    print(x)


for x in range(3):          # 0부터 2까지 1간격으로 정수를 생성하여 반복
    print(x)
```

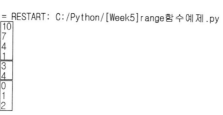

range() 대신 문자열을 넣는 경우에는 한 문자(character)씩 변수로 대입되어 반복문이 실행된다.

```
for c in 'Hello':
    print(c, end=' ')
```

```
H e l l o
```

5.3. 예제1: 네모 그리기

네모 그리기 스크립트를 살펴보면 같은 코드가 반복되어 실행되고 있음을 알 수 있다.

```
import turtle
win = turtle.Screen()
t = turtle.Turtle()
size = 100
t.forward(size)
t.right(90)
t.forward(size)
t.right(90)
t.forward(size)
t.right(90)
t.forward(size)
t.right(90)
```

4번 반복되고 있으므로 횟수가 정해진 반복에 적합한 for문을 활용해 위의 코드를 반복문으로 수정하여 구현해보자.

```
import turtle
win = turtle.Screen()
t = turtle.Turtle()
size = 100
for i in range(4): # 0~3까지 반복, 즉 4번 반복
    t.forward(size)
    t.right(90)
```

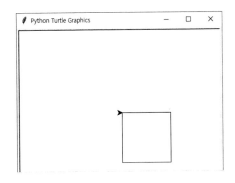

5.4. 예제2: 바람개비 그리기

이번에는 반복문을 이용하여 'ㄱ'자 날개를 가지는 바람개비를 그려보자. 'ㄱ'자를 그리되 거북이의 방향을 달리하면서 반복하여 그리면 바람개비와 같은 모양이 그려진다.

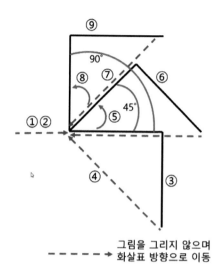

그림 5.7 바람개비 모양

```
import turtle
win = turtle.Screen()
t = turtle.Turtle()
size = 100              # 바람개비 크기 설정
```

```
t.penup()
t.home()               # 1. 거북이 위치와 방향 초기화
t.setheading(0)        # 2. 거북이 방향 0도로 설정
t.pendown()
t.forward(size)        # 3. 'ㄱ' 그리기
t.right(90)
t.forward(size)
```

```
t.penup()
t.home()               # 4. 거북이 위치와 방향 초기화
t.setheading(45)       # 5. 거북이 방향 45도로 설정
t.pendown()
t.forward(size)        # 6. 'ㄱ' 그리기
t.right(90)
t.forward(size)
```

```
t.penup()
t.home()                    # 7. 거북이 위치와 방향 초기화
t.setheading(90)            # 8. 거북이 방향 90도로 설정
t.pendown()
t.forward(size)             # 9. 'ㄱ' 그리기
t.right(90)
t.forward(size)
```

...

우선 중복되는 코드를 함수화하는 작업이 필요하다. 달라지는 부분은 거북이의 방향이므로 이를 입력 인자로 정한다.

```
def drawGiyeok(angle):
    t.penup()
    t.home()                    # 거북이 위치와 방향 초기화
    t.setheading(angle)         # 거북이 방향 설정
    t.pendown()
    t.forward(size)             # 'ㄱ' 그리기
    t.right(90)
    t.forward(size)

import turtle
win = turtle.Screen()
t = turtle.Turtle()
size = 100                      # 바람개비 크기 설정

drawGiyeok(0)
drawGiyeok(45)
drawGiyeok(90)
drawGiyeok(135)
drawGiyeok(180)
drawGiyeok(225)
drawGiyeok(270)
drawGiyeok(315)
```

drawGiyeok 함수를 만들어 중복되는 코드를 처리했지만, 여전히 반복되는 코드가 존재하므로 이를 반복문을 이용하여 간략화한다. for문과 while문을 이용하여 몇 가지 형태로 작성하여 실행해보자.

01. 360도 미만일 때까지 45도씩 증가시키면서 drawGiyeok() 호출

```
i = 0
while(i<360):
    drawGiyeok(i)
    i = i + 45
```

02. 0도부터 315도까지 45도 간격으로 반복

```
for i in range(0, 360, 45):
    drawGiyeok(i)
```

03. 8번 반복

```
for i in range(8):
    drawGiyeok(i*45)
```

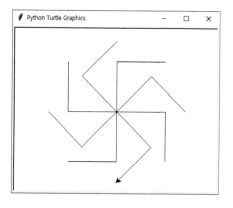

지금까지 바람개비 하나를 그리는 코드를 작성하였다. 이번에는 하나의 바람개비 그리기 작업을 모아 drawPinwheel이라는 함수로 만들고 바람개비 그리기 시작 위치, 색상을 입력 인자로 받아서 여러 개의 'ㄱ'자 바람개비를 그려보자.

```
def drawGiyeok(x,y,angle,color):
    t.penup()
    t.goto(x,y)              # 거북이 위치 초기화
    t.setheading(angle)      # 거북이 방향 설정
    t.pendown()
    t.pencolor(color)
    t.forward(size)          # 'ㄱ' 그리기
    t.right(90)
    t.forward(size)
```

```
def drawPinwheel(x,y,color):
    for i in range(0,360,45):          # 0~360, 45간격
        drawGiyeok(x,y,i,color)

import turtle
win = turtle.Screen()
t = turtle.Turtle()
size = 100                    # 바람개비 크기 설정
t.pensize(10)                 # 선을 굵게
t.speed(100)                  # 빠르게 그리기
drawPinwheel(-200,200,'alice blue')
drawPinwheel(0,0,'lavender')
drawPinwheel(200,200,'lavender blush')
drawPinwheel(-200,-200,'misty rose')
drawPinwheel(200,-200,'navajo white')
```

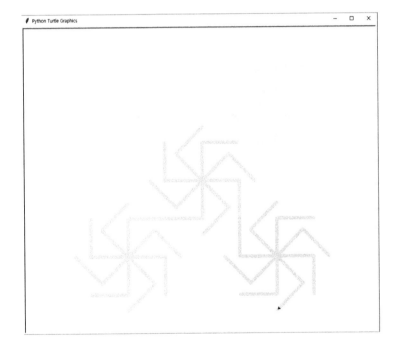

6. 난수 생성

임의의 수, 즉 난수(random number)는 통계, 게임, 인공지능 등 여러 가지 분야의 응용 소프트웨어에 활용된다. 파이썬에서는 random 모듈[21] 내 randint()를 통해 난수(random number)를 생성할 수 있다.

```
import random              # random 모듈 가져오기
random.randint(start,stop)  # start~stop 범위 내 임의의 정수(integer) 반환
```

1부터 3까지의 난수를 생성하는 프로그램을 작성하여 1이 나올 때까지 실행해보자.

```
>>> import random
>>> random.randint(1,3)
3
>>> random.randint(1,3)
2
>>> random.randint(1,3)
2
>>> random.randint(1,3)
2
>>> random.randint(1,3)
3
>>> random.randint(1,3)
2
>>> random.randint(1,3)
3
>>> random.randint(1,3)
2
>>> random.randint(1,3)
3
>>> random.randint(1,3)
1
```

3번의 시도 내에 1이 나오지 않을 수 있다. 1이 나올 확률은 매번 1/3이기 때문이다.

6.1. 예제1: 숫자 맞추기 게임

그림 5.8 Up & Down 게임

---

21 "random: Generate pseudo-random numbers", https://docs.python.org/3/library/random.html?highlight=random#module-random

컴퓨터가 난수를 생성하고 사용자가 이를 맞추는 게임, 이른바 '숫자 맞추기' 게임(a.k.a. up & down 게임)을 만들어보기로 한다.

- 컴퓨터가 1~1000까지의 난수를 생성한다.

- 플레이어가 제시한 수가 컴퓨터가 생성한 수보다 작으면 "Up", 크면 "Down"을 출력한다.

- 숫자를 맞추는 경우, 총 몇 번의 시도가 있었는지 출력한다.

- 10번의 시도 안에 숫자를 맞춰보자.

```
import random                      # random 모듈 불러오기
com = random.randint(1,1000)       # 난수 생성
tryNo = 0                          # 시도 횟수
player = 0                         # 플레이어가 제시하는 수
while True:                        # 조건이 True이므로 계속 반복
    player = int(input('숫자는 얼마일까요? '))        # 플레이어가 제시하는 숫자를 입력받음
    tryNo = tryNo + 1
    if player > com:               # 제시한 수가 난수보다 큰 경우
        print('Down')
    elif player < com:             # 제시한 수가 난수보다 작은 경우
        print('Up')
    else:                          # 제시한 수와 난수가 같은 경우
        break                      # 반복문을 빠져나온다.
print('축하합니다.')
print('총',tryNo,'번의 시도 끝에 성공하였습니다.')
```

※ break는 현재의 반복문을 빠져나올 때 사용한다.

위 프로그램을 난수 생성의 범위를 줄여 1~100까지의 난수를 생성한다면, 최악의 경우 몇 번의 시도 만에 숫자를 맞출 수 있을까?

```
숫자는 얼마일까요? 500
Up
숫자는 얼마일까요? 750
Down
숫자는 얼마일까요? 625
Up
숫자는 얼마일까요? 687
Up
숫자는 얼마일까요? 718
Up
숫자는 얼마일까요? 734
Up
숫자는 얼마일까요? 742
Down
숫자는 얼마일까요? 738
축하합니다.
총 8 번의 시도 끝에 성공하였습니다.
```

6.2. 예제2: 가위바위보 게임

컴퓨터와 할 수 있는 가위바위보 게임을 작성하여 실행해보자. 마
찬가지로 난수 생성이 필요하다. 또한 총 9가지 경우에 대한 승부의
결과 처리가 필요하므로 여러 개의 조건문이 반복되어 수행되어야
한다.

- 가위는 0, 바위는 1, 보는 2로 정의한다. [22]

- 컴퓨터는 0~2의 난수를 생성한다.

- 플레이어가 '가위', '바위', '보' 중 하나를 입력한다.

- 삼세판(3전 2선승제) 방식으로 진행한다.

- 승부의 결과를 출력한다.

그림 5.9 가위바위보 게임

```python
import random     # random 모듈 불러오기
playerWinNo = 0  # 플레이어가 이긴 횟수
comWinNo = 0      # 컴퓨터가 이긴 횟수
while playerWinNo != 2 and comWinNo != 2:      # 둘 중 하나가 2승한 경우 반복 종료
    com = random.randint(0,2)                  # 컴퓨터가 가위(0), 바위(1), 보(2) 내기
    player = input('가위, 바위, 보 중 당신의 선택은? ')
    if player == '가위':                # 플레이어가 가위를 낸 경우
        if com == 0:                    # 컴퓨터가 가위(0)를 낸 경우
            print('이번 판은 비겼습니다.')
        elif com == 1:                  # 컴퓨터가 바위(1)를 낸 경우
            print('이번 판은 당신은 졌습니다.')
            comWinNo = comWinNo + 1
        else:                           # 컴퓨터가 보(2)를 낸 경우
            print('이번 판은 당신은 이겼습니다.')
            playerWinNo = playerWinNo + 1
    elif player == '바위':              # 플레이어가 바위를 낸 경우
        if com == 0:                    # 컴퓨터가 가위(0)를 낸 경우
            print('이번 판은 당신은 이겼습니다.')
            playerWinNo = plyerWinNo + 1
        elif com == 1:                  # 컴퓨터가 바위(1)를 낸 경우
            print('이번 판은 비겼습니다.')
        else:                           # 컴퓨터가 보(2)를 낸 경우
            print('이번 판은 당신은 졌습니다.')
```

---

[22] 이와 같은 작업을 추상화(abstraction)라고 한다.

```
            comWinNo = comWinNo + 1
        elif player == '보':                    # 플레이어가 보를 낸 경우
            if com == 0:                        # 컴퓨터가 가위(0)를 낸 경우
                print('이번 판은 당신은 졌습니다.')
                comWinNo = comWinNo + 1
            elif com == 1:                      # 컴퓨터가 바위(1)를 낸 경우
                print('이번 판은 당신은 이겼습니다.')
                playerWinNo = plyerWinNo + 1
            else:                               # 컴퓨터가 보(2)를 낸 경우
                print('이번 판은 비겼습니다.')
        else:                                   # 플레이어가 잘못 입력한 경우
            print('잘못 입력하였습니다. 가위, 바위, 보 중 하나를 입력해주세요.')
if playerWinNo == 2:
    print('총 2승',comWinNo,'패로 당신은 최종 승리하였습니다.')
else:
    print('총',playerWinNo,'승 2패로 당신은 최종 패배하였습니다.')
```

```
======= RESTART: C:\Python\[Week5]가위바위보게임.py ======
가위, 바위, 보 중 당신의 선택은? 0
잘못 입력하였습니다. 가위, 바위, 보 중 하나를 입력해주세요.
가위, 바위, 보 중 당신의 선택은? 가위
이번 판은 당신은 이겼습니다.
가위, 바위, 보 중 당신의 선택은? 바위
이번 판은 비겼습니다.
가위, 바위, 보 중 당신의 선택은? 보
이번 판은 비겼습니다.
가위, 바위, 보 중 당신의 선택은? 가위
이번 판은 비겼습니다.
가위, 바위, 보 중 당신의 선택은? 바위
이번 판은 비겼습니다.
가위, 바위, 보 중 당신의 선택은? 보
이번 판은 당신은 졌습니다.
가위, 바위, 보 중 당신의 선택은? 가위
이번 판은 비겼습니다.
가위, 바위, 보 중 당신의 선택은? 바위
이번 판은 당신은 이겼습니다.
총 2승 1 패로 당신은 최종 승리하였습니다.
```

01. 놀이공원의 요금 계산하기

- 입장 시간(24시간 기준)과 나이를 입력하면 요금이 출력된다(단, 이용시간: 10시~20시).

◎ 이용권

종류	대인	청소년	소인/경로	비고
주간권	56,000원	47,000원	44,000원	• 에버랜드 입장 및 놀이시설 이용 (코인물/대여물/기획전 등 일부 시설 별도 요금)
야간권 (16시~)	46,000원	40,000원	37,000원	• 당일 호암미술관 무료 입장
2일권	87,000원	73,000원	69,000원	• 2일권 스마트 예약 불가

- **연령에 따른 우대** (나이 확인이 가능한 신분증 또는 서류 제시)
  - 경로 : 만 65세 ~
  - 청소년 : 만 13세 ~ 만 18세
  - 소인 : 36개월 ~ 만 12세
  - 36개월 미만 :
    무료 이용(유료시설의 경우 이용권 별도 구입 필요)
    ※ 유아이용권: 5,000원(붕붕카, 로보트카, 자동차왕국 모두 이용 가능)

02. 주사위 게임하기

- 주사위 눈의 개수에 따라 다른 이미지를 등록한다(addshape).

- 컴퓨터와 플레이어가 굴리는 주사위를 위한 거북이 객체를 각각 생성한다.

- 컴퓨터와 플레이어가 주사위를 던져 눈의 개수가 많이 나온 사람이 승리한다.

- r을 입력하면 재시작하고 q나 Q를 입력하면 종료한다.

- 종료 시 총 전적(몇 승 몇 패)을 출력한다.

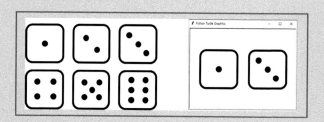

리스트와
파일 입출력

1. 리스트

한 학생의 수학 성적을 저장하기 위해서는 하나의 변수가 필요하다.

```
>>> math = 90
```

학생 한 명이 3개 이상의 과목을 듣는다면 3개의 변수를 만들어야 한다.

```
>>> math = 90; kor = 70; eng = 85
```

한 학급의 학생 수가 30명이고 모든 학생의 성적을 저장해야 한다면?

```
>>> math1 = 90; kor1 = 70; eng1 = 85
>>> math2 = 90; kor2 = 75; eng2 = 80
>>> math3 = 70; kor3 = 95; eng3 = 77
>>> math4 = 80; kor4 = 80; eng4 = 88
>>> math5 = 60; kor5 = 70; eng5 = 90
>>> math6 = 85; kor6 = 75; eng6 = 82
...
```

총 90개의 변수를 만들어야 하므로 변수 이름을 짓고, 값을 대입하고, 원하는 데이터를 찾는데 많은 어려움이 있을 것이다. 또한 변수들을 사용하는 코드들이 비슷하지만 함수화하기는 힘들어 중복된 코드가 많아진다.

파이썬에서는 여러 개의 값을 모아서 하나의 변수로 저장이 가능하다. 이를 '리스트'라고 부르고, 대괄호로 값들을 묶어준다. 값과 값 사이에는 콤마(,)를 써서 분리해준다.

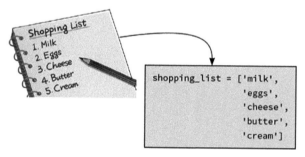

그림 6.1 쇼핑 리스트와 리스트(list)

```
>>> shopping_list = ['milk', 'eggs', 'cheese', 'butter', 'cream']
>>> print(shopping_list)
['milk', 'eggs', 'cheese', 'butter', 'cream']
```

리스트는 정수, 실수, 문자열, 그리고 또 다른 리스트 등 모든 종류와 크기의 데이터를 담을 수 있다.

```
>>> temp_list = [1, 3.141592, 'kim', shopping_list]
>>> print(temp_list)
[1, 3.141592, 'kim', ['milk', 'eggs', 'cheese', 'butter', 'cream']]
```

그리고 리스트에 포함된 각각의 값들을 다루고 싶을 때는 해당 리스트의 몇 번째 값(항목)인지 전달해 주어야 한다. 단, 여기서 주의할 점은 '몇 번째'를 '인덱스(index)'라고 부르는데, 이 인덱스는 1이 아니라 0부터 시작한다는 점이다. 따라서 리스트의 첫 번째 항목을 읽거나 대입하고 싶을 때는 인덱스로 1이 아니라 0을 전달하여야 한다.

```
>>> shopping_list[0]        # 해당 리스트의 첫 번째 항목
'milk'
>>> shopping_list[3]        # 해당 리스트의 네 번째 항목
'butter'
>>> shopping_list[4] = 'sugar'       # 해당 리스트의 다섯 번째 항목에 'sugar' 대입
>>> shopping_list
['milk', 'eggs', 'cheese', 'butter', 'sugar']
>>> shopping_list[5]        # 항목은 5개이지만, 인덱스로서 '5'는 여섯 번째 항목을 가리킴(인덱스 에러)
Traceback (most recent call last):
  File "<pyshell#8>", line 1, in <module>
    shopping_list[5]
IndexError: list index out of range
```

2. 리스트의 반복문 활용

for 반복문에서 일정한 간격으로 정수를 생성하는 range() 대신 리스트를 넣어 리스트 내 항목들을 하나씩 가져와서 반복할 수 있다. 몇 가지 예제 프로그램을 통해 리스트를 이용한 반복문을 구현하여 보자.

1부터 10까지의 합을 구하는 프로그램

먼저, range()를 사용하여 코드를 작성하면 다음과 같다.

```
sum = 0                  # sum 값 초기화
for i in range(1,11):    # 1~10까지 반복
    sum = sum + i        # 1~10까지 변화하는 i를 sum에 더하기
print(sum)               # 합(sum) 출력
```

range() 대신 1부터 10까지의 값을 항목으로 가지는 리스트를 넣어보자.

```
sum = 0                         # sum 값 초기화
for i in [1,2,3,4,5,6,7,8,9,10]:  # 리스트에 있는 항목을 하나씩 i에 넣기
    sum = sum + i               # 1~10까지 변화하는 i를 sum에 더하기
print(sum)                      # 합(sum) 출력
```

두 가지 방법 모두 같은 결과를 출력한다.

평균 점수 구하기

```
kor = 88
eng = 77
math = 89
science = 75
score = [kor, eng, math]
score.append(science)      # science 항목을 score 리스트에 추가
sum = 0
for i in score:            # score 리스트에 있는 항목 하나씩 i에 넣기
    sum = sum + i          # 변화하는 i값을 sum에 반복하여 더하기
print(sum)                 # 합(sum) 출력
print(sum/4)               # 평균 점수 출력
```

※ 리스트의 항목으로 변수를 넣어도 된다.

append()를 통해 새로운 항목을 리스트의 뒤 쪽에 추가할 수 있다. 이것으로부터 리스트도 객체이고, append()는 그 객체에 속한 명령이라는 것을 알 수 있다.

※ 사실, 파이썬에서 자료들이 저장되는 변수는 모두 객체이다.

2.1. 예제1: 스파이럴 그리기

여러 개의 색상을 나타내는 문자열을 항목으로 한 리스트를 이용하여 스파이럴 그림을 그리는 프로그램을 작성하여 실행해보자.

```
import turtle            # turtle 모듈 불러오기
win = turtle.Screen()    # Screen 객체 생성
t = turtle.Turtle()      # Turtle 객체 생성
t.speed(300)             # 그리기 속도 설정

colors = ['red', 'purple', 'blue', 'green', 'yellow', 'orange']
# 반복하여 그릴 6개의 색상을 항목으로 하는 리스트(colors)를 선언
```

```
for x in range(360):            # 0~359까지 반복
    t.pencolor(colors[x%6])     # x%6 => 6으로 나눈 나머지로 0~5사이 값이 됨
    t.pensize(x/100+1)          # x값이 증가하므로 펜 굵기가 점점 더 굵어짐
    t.forward(x)                # x값이 증가하므로 점점 선이 길어짐
    t.left(59)                  # 59도 만큼 반시계방향 회전
```

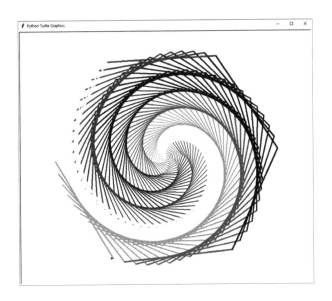

2.2. 예제2: 최댓값, 최솟값 구하기

같은 제품이라면 최저가로 구매하고자 하는 것이 소비자의 공통된 마음이고, 이를 위해 대부분의 쇼핑 사이트에서는 각 사이트 판매가를 보여주는 서비스를 제공한다. 리스트에 해당 가격들이 항목으로 들어가 있다고 생각해보자. 이 항목들의 최솟값, 즉 최저가를 찾는 프로그램을 작성해보자. 또한 반대로 최댓값(최고가)도 찾아보자.

그림 6.2 쇼핑 사이트 내 최저가 검색 결과

```
cost = [59900, 34010, 35390, 29520, 35390, 47280, 57200]

max = 0                     # max 초기 값은 가장 작은 값(0)으로 설정
for i in cost:              # 리스트 내 항목들을 하나씩 꺼내서
    if max < i:             # 꺼낸 값이 현재의 max 값보다 크면
        max = i             # max 값 업데이트
print('최대 값:', max)       # max 값 출력

import sys                  # sys 모듈 불러오기
min = sys.maxsize           # min 초기 값은 정수 중 가장 큰 값으로 설정
for i in cost:              # 리스트 내 항목들을 하나씩 꺼내서
    if min > i:             # 꺼낸 값이 현재 min 값보다 작으면
        min = i             # min 값 업데이트
print('최소 값:', min)       # min 값 출력
```

```
최대 값: 59900
최소 값: 29520
```

위 프로그램의 실행 결과로 최댓값과 최솟값이 차례대로 출력되는 것을 볼 수 있다. 최댓값과 최솟값을 구하는 코드에서 중요한 것은 리스트 내 항목들과 하나씩 비교하기 전에 초기 값을 설정하는 것이다. 최댓값은 max라는 변수에 저장하게 되는데 이 변수는 최대한 작은 값으로 초기화하여야 한다. max변수의 초기 값보다 리스트 내 모든 항목들이 더 작다면 max변수의 값은 리스트 내 모든 항목들과의 비교를 수행하더라도 항상 더 크기 때문에 max 변수의 값은 변하지 않고 초기 값으로 유지된다. 따라서 max 변수를 리스트 내 모든 항목들보다 작은 값으로 설정하여야 리스트 내 항목들이 아주 작은 값이라도 항목들과의 비교를 통해 최댓값이 max 변수에 저장되어 출력된다. 반대로, 최솟값이 저장될 min이라는 변수는 최대한 큰 값으로 초기화하여야 리스트 내 항목들이 아주 큰 값들이라도 비교를 통해 최솟값이 min 변수에 저장된다.

※ 시스템 관련 모듈인 sys 모듈 내 maxsize에는 파이썬 내에서 표현 가능한 정수의 최댓값이 저장되어 있다.

2.3. 예제3: 여러 개의 네모 그리기

리스트는 또 다른 리스트를 항목으로 가질 수 있음을 앞서 확인한 바 있다. 사각형 도형을 만들어 그린 후, 이를 버튼이나 미로 내 함정 등으로 프로그램에서 이용할 수 있다.

- 네모의 시작점 좌표를 리스트로 정의한다. → [x, y]

- 여러 개의 시작점 좌표 리스트를 묶어 또 다른 리스트의 항목으로 대입한다. → [첫 번째 네모 시작점 좌표, 첫 번째 네모의 너비, 첫 번째 네모의 높이, 첫 번째 네모의 색상, 두 번째 네모 시작점 좌표, …]

```
def drawRectangle(x,y,width,height,color):
    t.penup()
    t.goto(x,y)              # 네모 그리기 시작 위치로 이동
    t.setheading(0)         # 네모 그리기 시작 방향 초기화
    t.fillcolor(color)      # 네모 색상 설정
    t.begin_fill()
    for i in range(4):      # 네모 그리기
        t.forward(width)
        t.right(90)
    t.end_fill()

import turtle
win = turtle.Screen()
t = turtle.Turtle()
width = 100              # 너비
height = 100            # 높이
color = 'sky blue'      # 색상
# 네모 시작점들의 x,y좌표를 리스트로 만들고, 너비, 높이, 색상과 함께 rectangles 리스트의 항목으로 넣기
rectangles = [[[-200,200],width,height,color],
             [[0,0],width,height,color],
             [[200,200],width,height,color],
             [[-200,-200],width,height,color],
             [[200,-200],width,height,color]]
for i in rectangles:     # rectangles 리스트의 항목(x,y좌표)을 하나씩 대입해서
    drawRectangle(i[0][0],i[0][1],i[1],i[2],i[3]) # 여러 개의 네모 그리기
```

rectangles 리스트는 여러 개 네모의 좌표(리스트), 너비, 높이, 색상 항목을 포함하고, 첫 번째 항목인 'rectangles[0]'에는 첫 번째 네모의 정보들이 들어가 있다. 첫 번째 네모의 좌표(리스트)는 'rectangles[0][0]'이 된다. 좌표 또한 리스트이고 첫 번째 항목이 x좌표, 두 번째 항목이 y좌표이다. 따라서 첫 번째 네모의 x좌표는 'rectangles[0][0][0]'이라고 표현해야 한다. 위 코드의 for문에서 사용되는 i 변수에는 리스트로 정의된 첫 번째 네모(rectangles[0]), 두 번째 네모(rectangles[1]), 세 번째 네모(rectangles[2]), 네 번째 네모(rectangles[3]) 그리고 다섯 번째 네모(rectangles[4])가 차례대로 대입되어 반복된다. 따라서 반복문 내부에서 'i[0][0]'는 'rectangles[0~4중 하나][0][0]'을 뜻한다.

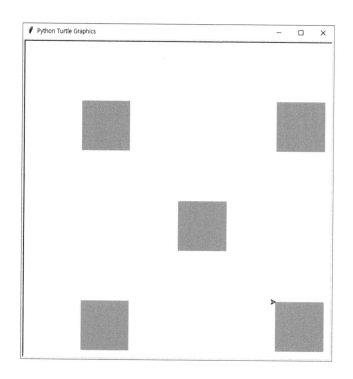

3. 파일 입출력

그림 6.3 여러 가지 종류의 파일들

프로그램은 일반적으로 파일에서 데이터를 읽어 실행하고, 실행 결과를 파일로 저장하는 방식으로 구동되기 때문에 프로그램 종류 및 특성에 따라 다양한 파일들이 존재한다. 파이썬 프로그램에서 파일을 사용하기 위한 방법을 알아보자. 기본적으로 열기(open), 닫기(close), 읽기(read), 쓰기(write)라는 4가지 동작을 수행하는 명령어가 필요하다.

3.1. 파일 열기

open(파일명, 모드) # 주어진 파일명을 가지고 있는 파일을 주어진 모드로 연다.

※ 파일명과 모드는 모두 문자열이다.

파일을 여는 함수인 open()은 파일 객체를 반환하므로 이를 변수에 대입하여 읽기, 쓰기, 닫기 명령에 활용한다. 파일을 열 때 전달하게 되는 모드는 읽기모드와 쓰기모드가 있는데 읽기모드는 'read'를 줄여서 'r', 쓰기모드는 'write'를 줄여서 'w'라고 입력한다. 읽기모드로 파일을 열게 되면, 해당 파일을 읽을 수만 있고 쓸 수는 없다. 반대로 쓰기모드로 연 파일은 읽을 수 없다.

```
f = open('temp.txt', 'r') # test.txt 파일을 읽기모드로 열기 (쓰기 명령 불가)
f = open('temp.txt', 'w') # test.txt 파일을 쓰기모드로 열기 (읽기 명령 불가)
```

또한 읽기모드로 열려고 하는 파일이 존재하지 않는다면 실행오류가 발생한다. 반면, 쓰기모드는 주어진 파일명에 해당하는 파일이 없으면 새로 파일을 생성한다.

```
>>> import os
>>> os.getcwd()   # 현재 작업 디렉터리 확인
'C:\\python'
>>> f = open('temp.txt','r')
Traceback (most recent call last):
  File "<pyshell#4>", line 1, in <module>
    f = open('temp.txt','r')
FileNotFoundError: [Errno 2] No such file or directory: 'temp.txt'
>>> f = open('temp.txt','w')   # 쓰기(w)모드에서는 파일이 없으면 생성
```

주어진 파일명에 해당하는 파일을 현재 작업 디렉터리에서 찾는다. 만약 현재 작업 디렉터리가 아닌 다른 디렉터리에 저장되어 있는 파일을 찾아서 열고 싶다면 해당 디렉터리 정보까지 포함하여 전달한다.

- – 'c:/python/tools/temp.txt' (c드라이브 python 폴더 내 tools 폴더에 있는 temp.txt 파일)

- – '../temp.txt' (상위 디렉터리에 있는 temp.txt 파일)

- – './temp.txt' (현재 디렉터리에 있는 temp.txt 파일)

3.2. 파일 닫기

open()과 항상 같이 써야 하는 명령은 파일 객체 내 close()이다. 파일을 닫는 명령으로 프로그램 종료 전에 연 파일들을 모두 닫아주지 않으면, 해당 파일을 이용한 작업들이 정상적으로 실행되지 않는다.

```
>>> f = open('temp.txt','r')
>>> f.close()        # 프로그램 종료 전에 반드시 파일 닫기
```

3.3. 파일 쓰기

파일 객체 내 write()를 통해 파일에 데이터(문자열)를 쓸 수 있다.

write(메시지)   # 주어진 메시지(문자열)를 파일에 쓴다.
예) f.write('1234')

임시로 파일 하나를 만들어 연 후 메시지를 써보자. 단, 문자열만 가능하다.

```
f = open('test.txt','w')              # 쓰기모드로 파일 열기(없으면 생성)
f.write('Hello, python.\n')
msg = 'This is the SW design class.\n'
f.write(msg)
f.write('Nice to meet you\n')
f.write(str(20200301))      # 숫자도 문자열로 변환(str명령)하여 쓰기
f.close()                    # 파일 닫기
```

※ '\n'은 줄 바꿈 문자로 출력되지 않는 제어 문자이다. '\t'(탭 간격 띄우기) 또한 제어 문자이다.

위 프로그램을 실행한 후, 탐색기에서 'test.txt' 파일을 찾아 열어보고 그 내용을 확인한다.

python.exe	2019-10-14 오후...	응용 프로그램	98KB
python3.dll	2019-10-14 오후...	응용 프로그램 확장	58KB
python38.dll	2019-10-14 오후...	응용 프로그램 확장	4,086KB
pythonw.exe	2019-10-14 오후...	응용 프로그램	97KB
temp.txt	2019-11-30 오전...	텍스트 문서	0KB
test.py	2019-11-29 오후...	Python File	1KB
test.txt	2019-11-30 오전...	텍스트 문서	1KB
vcruntime140.dll	2019-10-14 오후...	응용 프로그램 확장	88KB

그림 6.4 탐색기 내 'test.txt' 파일

그림 6.5 'test.txt' 파일 내용

3.4. 파일 읽기

파일 안의 내용을 읽을 때는 파일 객체 내 read(), readline(), readlines()를 사용한다.

```
read()          # 파일 전체 읽기
readline()      # 파일 내 한 줄 읽기
readlines()     # 파일 내 모든 줄을 한 줄씩 읽어서 리스트로 반환
```

※ 파일의 끝에 다다렸을 때 위 모든 읽기 명령을 호출하면, False를 반환한다.

앞서 작성한 'test.txt' 파일을 위 3가지 명령으로 읽어보자.

```
>>> f = open('test.txt','r')
>>> rcv = f.read()
>>> rcv
'Hello, python.\nThis is the SW design class.\nNice to meet you\n20200301'
>>> f.close()
```

```
>>> f = open('test.txt','r')
>>> rcv = f.readline()
>>> rcv
'Hello, python.\n'
>>> rcv = f.readline()
>>> rcv
'This is the SW design class.\n'
>>> rcv = f.readline()
>>> rcv
'Nice to meet you\n'
>>> rcv = f.readline()
>>> rcv
'20200301'
>>> rcv = f.readline()
>>> rcv
''
>>> f.close()
```

```
>>> f.close()
>>> f = open('test.txt','r')
>>> rcv = f.readlines()
>>> rcv
['Hello, python.\n', 'This is the SW design class.\n', 'Nice to meet you\n', '20200301']
>>> f.close()
```

read(), readline(), readlines()의 차이를 확인하기 위한 앞의 코드에서 파일을 닫고 다시 열어서 읽기 명령을 전달하는 이유는 파일 포인터(file pointer)가 이동하기 때문이다.

3.5. 파일 포인터

파일 포인터는 파일 객체 내 데이터로 파일 내부 위치를 가리킨다. 파일을 읽거나 파일에 쓰는 동작을 수행하게 되면, 파일 포인터가 그 읽기나 쓰기를 완료한 위치의 다음 위치로 이동한다. 이 파일 포인터를 조정할 수 있는 seek()이라는 명령어가 있는데 주로 파일 읽기나 쓰기 전에 명령을 수행할 위치를 지정할 때 쓰인다.

seek(위치) # 주어진 위치로 파일 포인터를 설정한다.
예) f.seek(0): 파일의 처음으로 이동, f.seek(2): 3번째 글자 위치로 이동

'test.txt' 파일을 다시 읽으면서 파일 포인터를 예상해보자.

```
1 f = open('test.txt','r')        # 읽기모드로 파일 열기(없으면 에러)
2 overall = f.read()             # 파일 내용 모두 읽음
3 print(overall)

4 f.seek(0)                      # 읽을 위치를 파일 처음으로 이동
5 line = f.readline()            # 한 줄 읽음
6 print(line)

7 lines = f.readlines()          # 여러 줄 읽어 리스트로 저장
8 for i in lines:                # 리스트 내 문자열들을 하나씩 꺼내어
    print(i)                     # 출력
9 f.close()                      # 파일 닫기
```

파일을 열게 되면 파일 포인터는 파일의 맨 처음을 가리킨다.

파일 포인터

그림 6.6 첫 번째 줄(open()) 종료 후 파일 포인터

파일을 연 후 read()를 통해 파일 전체를 읽게 되면 파일 포인터는 다음과 같이 파일의 끝을 가리킨다.

그림 6.7 두 번째 줄(read()) 종료 후 파일 포인터

seek(0)를 통해 파일 포인터를 다시 파일의 처음 위치를 가리키도록 변경할 수 있다.

그림 6.8 네 번째 줄(seek(0)) 종료 후 파일 포인터

readline() 호출로 파일 내 한 줄을 읽게 되면 파일 포인터는 그 다음 위치를 가리킨다.

그림 6.9 다섯 번째 줄(readline()) 종료 후 파일 포인터

readlines()는 파일 내 모든 줄을 읽는 명령이므로 'test.txt' 파일의 남은 3개의 줄을 한 줄씩 읽어 항목으로 추가한 리스트를 반환하고, 파일 포인터는 파일의 끝을 가리킨다.

그림 6.10 일곱 번째 줄(readlines()) 종료 후 파일 포인터

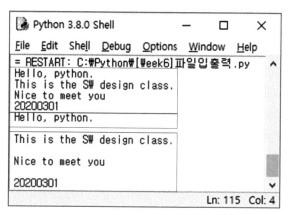

그림 6.11 파일 읽기와 파일 포인터 변경 실행 결과

```
>>> lines
['This is the SW design class.\n', 'Nice to meet you\n', '20200301']
```

그림 6.12 readlines()를 통해 반환된 리스트

4. 문자열 분리

파일 내용을 읽어 한 줄의 문자열을 얻었다면, 이를 분해하여 프로그램에 필요한 데이터를 추출할 필요가 있다. read() 혹은 readline()을 통해 읽은 데이터가 다음과 같은 문자열이라면 어떻게 할까?

'20201234,홍길동,컴퓨터공학과'

위 한 줄의 문자열에는 학번, 이름, 학과라는 3개의 정보가 포함되어 있다. 이 정보들을 분리하여 프로그램에서 처리하여야 한다. 파이썬에서 다루는 문자열은 객체이고 다양한 명령어들을 가지고 있다. 그 중 split()는 문자열을 여러 가지의 문자열로 분리할 때 사용된다.

```
split(구분자)    # 구분자(생략 시 공백문자)로 문자열을 분리하고,
                # 분리된 문자열들을 항목으로 한 리스트 반환
예) 'kim lee park'.split()  =>  ['kim', 'lee', 'park']
```

split()를 통해 콤마(,)로 구분된 '학번,이름,학과'와 같은 형태의 문자열을 분리해보자.

```
>>> rcv = '20201234,홍길동,컴퓨터공학과'
>>> data = rcv.split(',')
>>> 학번 = data[0]
>>> 이름 = data[1]
```

```
>>> 학과 = data[2]
>>> data
['20201234', '홍길동', '컴퓨터공학과']
>>> 학번
'20201234'
>>> 이름
'홍길동'
>>> 학과
'컴퓨터공학과'
```

다양한 구분자를 사용하여 문자열을 구분하는 프로그램도 실행해본다.

```
>>> text = 'Programming languages are C, Java, Python, etc.'
>>> text_split_by_space = text.split()
>>> text_split_by_comma = text.split(',')
>>> text_split_by_space
['Programming', 'languages', 'are', 'C,', 'Java,', 'Python,', 'etc.']
>>> text_split_by_comma
['Programming languages are C', ' Java', ' Python', ' etc.']
```

4.1. 예제: 해밀턴 경로 따라가기

파일에 좌표 데이터를 저장하고 이를 읽으려면 어떻게 해야 할까? 파일에 쓸 수 있는 데이터의 형태는
문자열이므로 숫자인 좌표 데이터를 문자열로 변환하는 작업이 먼저 이루어져야 한다. 반면, 좌표 데
이터를 읽을 때는 콤마(,)로 구분된 좌표 문자열을 읽어 정수로 변환하여 프로그램에서 이용해야 한다.
문자열 변환은 str(), 정수 변환은 int()를 사용하면 된다.

한 예로 (−200, 200)이란 좌표를 'path.txt'라는 파일에 저장해보자.

```
>>> f = open('path.txt','w')
>>> x = -200
>>> y = 200
>>> f.write(str(x)+','+str(y)+'\n')
9
>>> f.close()
```

'path.txt' 파일이 생성되고 '−200, 200'이라는 문자열이 저장되어 있음을 확인할 수 있다.

그림 6.13 'path.txt' 파일에 저장된 좌표

이제는 반대로 'path.txt'에 저장되어 있는 x좌표와 y좌표를 읽어보자.

```
>>> f = open('path.txt','r')
>>> rcv = f.readline()
>>> coordinate = rcv.split(',')
>>> coordinate
['-200', '200\n']
>>> x = int(coordinate[0])
>>> y = int(coordinate[1])
>>> x
-200
>>> y
200
```

다음은 정십이면체의 해밀턴 경로(Hamilton path)[23] 좌표를 저장해 둔 것이다.

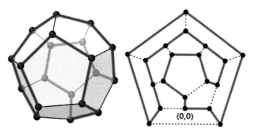

그림 6.14 정십이면체의 해밀턴 경로

```
0,10
-32,33
-20,71
20,71
32,33
41,30
51,61
```

---

23 모든 꼭짓점을 한 번씩 지나는 경로이다.

```
0,99
-53,61
-33,0
-44,-16
-72,68
0,121
72,68
45,-16
33,0
0,0
```

이를 'hamilton_path.txt' 파일에 저장하고 거북이가 이를 따라가도록 하는 프로그램을 작성해보자. 주어진 좌표에 점을 찍을 거북이 객체와 좌표를 따라 선을 긋는 거북이 객체를 따로 생성하여 그림을 그린다.

```python
f = open('hamilton_path.txt','r')          # 해밀턴 경로 파일 읽기 모드로 열기

import turtle
win = turtle.Screen()
t = turtle.Turtle()                         # 선 그리기용 거북이 객체 생성
p = turtle.Turtle('circle')                 # 점 찍기용 거북이 객체 생성
p.penup()                                   # 점 찍기용 거북이는 움직일 때 선 긋지 않기
p.pencolor('firebrick')                     # 점 찍기용 거북이 색상 설정
p.shapesize(0.5)                            # 점 찍기용 거북이 모양 크기 설정
t.speed(300)                                # 선 그리기용 거북기 속도 설정
t.pensize(5)                                # 선 굵기 설정
t.pencolor('gold')                          # 선 색상 설정

while True:                                 # 아래 코드 무한 반복
    rcv = f.readline()                      # 파일로부터 한 줄 읽기
    if rcv == '':                           # 읽은 데이터가 없으면
        break                               # 반복 종료
    pos = rcv.split(',')                    # 읽은 데이터를 콤마 기준으로 분리하여 리스트로 저장
    t.goto(int(pos[0]),int(pos[1]))         # 리스트 내 좌표로 선 긋기
    p.goto(int(pos[0]),int(pos[1]))         # 리스트 내 좌표로 점 찍기용 거북이 이동
    p.stamp()                               # 점 찍기용 거북이 도장 찍기

f.close()
```

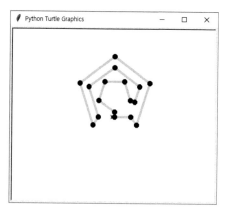

※ 실수 좌표를 정수화하면서 오차가 발생하여 시작점과 종료점이 일치하지 않는다.

그림 6.15 거북이로 정십이면체의 해밀턴 경로 따라가기

5. 음악 파일 재생하기

영화 음악, 게임 음악 등 흔히 BGM(BackGround Music)이라 불리는 배경 음악은 말 그대로 영상이나 이미지가 화면에 표시될 때 배경으로 삽입되는 음악을 가리킨다. 어떤 장면의 분위기를 전달하는 데 영상보다 음향이 오히려 더 중요한 경우가 많다. 파이썬에서 음악 파일을 재생하는 방법은 내장 플레이어를 이용하는 방법, 다른 모듈을 가져와 사용하는 방법 등 여러 가지가 있다.

5.1. 내장 플레이어 이용

운영체제 관련된 명령어들을 포함하는 os 모듈의 system()을 이용하여 음악 파일을 재생할 수 있다.

```
>>> import os              # os 모듈 불러오기
>>> os.system('test.wav')  # 음악 파일 재생
```

탐색기에서 해당 파일을 더블 클릭하였을 때 실행되는 프로그램이 구동되고, 음악 파일뿐만 아니라 이미지 파일, 문서 파일 등 다양한 파일을 열 수 있다. 파이썬 프로그램에서 음악 파일이 재생되는 것이 아니라 또 다른 프로그램을 여는 작업이기에 선호되지 않는다.

5.2. playsound 모듈 이용

지금까지 사용해왔던 거북이 그래픽 모듈(turtle), 운영체제 모듈(os), 난수 모듈(random), 그리고 시스템 모듈(sys) 등은 파이썬 개발환경을 구축할 때 자동으로 설치된 모듈로 그 밖에 다른 모듈을 사용

하고자 한다면 PIP(Python Package Index)를 사용해야 한다. 여러 가지 모듈이 모여 있는 단위를 패키지(package)라고 하는데, 파이썬 개발환경에서 새로운 패키지를 다운받아 설치하고 싶을 때 이 PIP 프로그램을 이용한다. PIP는 파이썬 3.4버전부터는 정식으로 포함되어 설치되므로 따로 설치할 필요는 없다. 다음과 같은 순서로 playsound 패키지를 설치하고 음악 파일을 재생해보자.

01. '명령 프롬프트' 창을 띄운다.

⊞와 R키를 동시에 누르면 나타나는 '실행' 윈도우에 'cmd'를 입력하거나, 🔍을 누르고 '명령 프롬프트'로 검색하여 실행한다.

02. PIP를 이용하여 playsound 패키지를 설치한다.

명령 프롬프트 창에 'pip install playsound'를 입력한다.

```
C:₩Users₩Miri>pip install playsound
Collecting playsound
  Downloading https://files.pythonhosted.org/packages/f5/16/10d897b0a83fb4b05b03a63d7a26
67ab75f857f67f7062fd447dd3f49bf7/playsound-1.2.2-py2.py3-none-any.whl
Installing collected packages: playsound
Successfully installed playsound-1.2.2
WARNING: You are using pip version 19.2.3; however version 19.3.1 is available.
You should consider upgrading via the 'python -m pip install --upgrade pip' command.

C:₩Users₩Miri>_
```

그림 6.16 PIP를 이용한 playsound 패키지 설치

03. playsound()를 통해 음악 파일을 재생한다.

```
>>> import playsound                       # playsound 모듈 불러오기
>>> playsound.playsound('test.wav')        # 음악 파일 재생
```

playsound 외에도 pyaudio, 윈도우 환경에서 사용할 수 있는 winsound 등 여러 가지 다양한 모듈들이 존재한다.

01. 각 학생들의 평균 점수를 계산하여 파일로 생성하기

- 학생들의 성적을 엑셀 파일로 만들고 이를 텍스트 파일 형태로 저장한다.

- 텍스트 파일로부터 각 학생들의 성적을 읽고 평균값을 다른 파일에 저장한다. (※ Hint: 탭(tab)의 제어 문자는 '\t')

	A	B	C	D	E	F
1	이름	국어	영어	수학	과학	
2	홍길동	90	70	75	70	
3	이순신	75	50	95	100	
4	김유신	80	80	82	75	
5	대조영	85	90	75	70	
6	이성계	85	85	70	70	

[1] 엑셀 프로그램을 이용한 각 학생의 점수 입력

[2] 엑셀에서 편집한 내용을 텍스트 파일(탭으로 분리) 형태로 저장

[3] 각 학생들의 평균 점수를 새로운 파일에 저장

02. 여러 개의 함정 만들기

- 다음과 같이 리스트로 주어진 여러 함정의 좌표들을 파일에 저장한다.

```
traps = [ [-500,500], [-400,400], [-300,300], [-100,400], [-200,100],
          [-500,-400], [-500,-100], [-300,-200], [-300,-50], [-100,-500],
          [500,100], [400,250], [300,100], [200,500], [100,350],
          [500,-500], [400,-100], [300,-300], [200,-100], [100,-400] ]
```

- 파일에 있는 좌표들을 읽어 네모 모양(100x100)으로 그린다(색칠하기 포함).

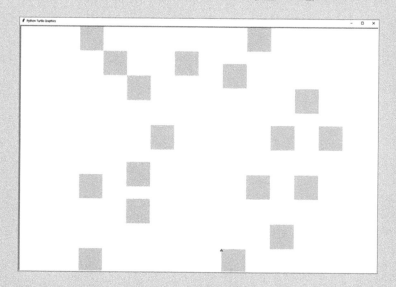

이벤트와
쓰레드

학습목표

- 이벤트 기반 프로그래밍 패러다임을 이해한다.
- 이벤트 핸들러의 개념을 이해하고 등록하는 방법을 학습한다.
- 쓰레드의 개념을 이해하고 활용법을 익힌다.

1. 이벤트 기반 프로그래밍(event-driven programming)

이벤트 기반 프로그래밍은 순차적 프로그래밍, procedural 프로그래밍과는 대비되는 프로그래밍 패러다임이다. 순차적(sequential) 프로그래밍과 procedural 프로그래밍은 순서(위-)아래)에 따라 명령들 혹은 명령들의 묶음인 프로시저(procedure)가 호출되어 수행되는 프로그래밍을 뜻하는 반면, 이벤트 기반 프로그래밍은 순서에 관계없이 이벤트가 발생하면 해당 이벤트에 등록된 명령 묶음(함수)이 실행되는 프로그래밍이다. 이벤트는 마우스 클릭, 키보드 입력, 다양한 센서들의 출력, 다른 시스템 혹은 프로그램으로부터 오는 메시지 등 종류가 다양하다.

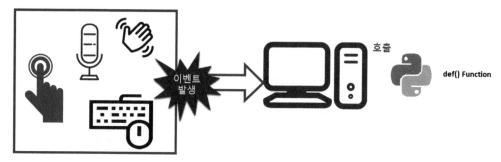

그림 7.1 이벤트 기반 프로그래밍 패러다임

실체가 있는 거북이였다면 거북이를 터치하거나(터치 센서), 조명이 변하거나(빛 센서), 온도가 변할 때(온도 센서), 혹은 움직임이 있을 때(모션 센서) 이벤트가 발생할 수 있지만, 거북이 그래픽 모듈에서 활용 가능한 이벤트는 현재 컴퓨터에 연결되어 있는 입력 장치들, 즉 키보드와 마우스 관련 이벤트들뿐이다.

2. 이벤트 핸들러(event handler) 등록하기

이벤트가 발생했을 때 해당 이벤트를 처리할 수 있도록 작성된 명령어 묶음(함수)을 이벤트 핸들러[24]라고 한다. 마우스 클릭, 키보드 입력 이벤트가 발생했을 때 onclick(), onkey()를 통해 이벤트 핸들러를 등록할 수 있는데, 이를 이용하여 간단한 이벤트 핸들러를 등록해보자.

```
onclick(함수)      # '마우스 왼쪽 버튼 클릭' 이벤트 발생 시 실행될 함수를 등록한다.
onkey(함수,키)     # 주어진 키를 눌러 '키보드 입력' 이벤트 발생 시 실행될 함수를 등록한다.
```

---

24 인터럽트 핸들러라고도 불리며, 소프트웨어 인터럽트 핸들러로서 트랩(trap) 핸들러라고 부를 수도 있다.

프로그램을 실행시킨 상태에서 이벤트를 발생시켜 이벤트 핸들러가 실행되는지도 확인해보자.

```python
def click_handler(x,y):          # 마우스 클릭 이벤트 핸들러는 x,y 입력 인자 필수
    print('클릭 이벤트 발생')

def key_handler():
    print('키 입력 이벤트 발생')

import turtle
win = turtle.Screen()
win.onclick(click_handler)       # 스크린을 클릭했을 때 이벤트 발생
win.onkey(key_handler,'space')   # space키를 눌렀을 때 이벤트 발생

win.listen()     # 스크린 객체가 키보드 입력을 받을 수 있도록 활성화
```

　　※ onclick()은 Screen 객체와 Turtle 객체 둘 다 가지고 있으나, onkey()는 Screen 객체에만 있다. 또한 키보드 이벤트 입력을 받
　　기 위해서는 코드 마지막에 listen()을 호출해야만 한다.

그림 7.2 이벤트 발생 시 이벤트 핸들러가 실행되는 모습

---

3. 이벤트의 종류

모니터 화면에서만 움직이는 거북이이기 때문에 마우스와 키보드 이벤트만이 등록 가능하다.

3.1. 마우스 관련 이벤트

클릭(click), 드래그(drag) 그리고 릴리즈(release)와 같은 마우스 관련 이벤트의 이벤트 핸들러는 반
드시 마우스 커서 위치를 나타내는 x, y 입력 인자를 필수적으로 가져야 한다. 또한 '버튼 번호'는 3-버
튼 마우스의 경우 왼쪽 버튼이 1번, 가운데 버튼이 2번, 오른쪽 버튼이 3번이고, 2-버튼 마우스의 경
우 왼쪽 버튼이 1번, 오른쪽 버튼이 2번이다. '버튼 번호'를 생략할 수도 있는데 생략 시 자동으로 1번
버튼, 즉 왼쪽 버튼으로 적용된다.

```
onclick(함수,버튼 번호)      # 마우스 버튼 클릭 시 실행될 함수를 등록한다.
onrelease(함수,버튼 번호)   # 마우스 버튼에서 뗄 때 실행될 함수를 등록한다.
ondrag(함수,버튼 번호)      # 마우스 드래그 시 실행될 함수를 등록한다.
```

※ onclick()은 배경 윈도우 객체와 거북이 객체 모두 가지고 있으나, onrelease()와 ondrag()는 거북이 객체만 가지고 있는 명령이다.

다음과 같이 동작하는 프로그램을 작성해보자.

- 거북이를 왼쪽 클릭 시, 거북이를 빨간색으로 변경한다.

- 왼쪽 버튼 릴리즈 시, 거북이를 원래대로 검은색으로 변경한다.

- 거북이를 오른쪽 클릭 시, 거북이를 파란색으로 변경한다.

- 오른쪽 버튼 릴리즈 시, 거북이를 원래대로 검은색으로 변경한다.

- 거북이를 드래그 시, 거북이를 이동시키며 선을 긋는다.

```
def glow(x,y):           # 거북이 색상 변경(->빨간색)
    t.fillcolor('red')

def glow2(x,y):          # 거북이 색상 변경(->파란색)
    t.fillcolor('blue')

def unglow(x,y):         # 거북이 색상 변경(->검은색)
    t.fillcolor('black')

import turtle
win = turtle.Screen()
t = turtle.Turtle('turtle')
t.onclick(glow)          # 왼쪽 버튼 클릭 시 거북이를 빨간색으로 변경
t.onrelease(unglow)      # 왼쪽 버튼 릴리즈 시 거북이를 원래대로 검은색으로 변경
t.onclick(glow2,3)       # 오른쪽 버튼 클릭 시 거북이를 파란색으로 변경
t.onrelease(unglow,3)    # 오른쪽 버튼 릴리즈 시 거북이를 원래대로 검은색으로 변경
t.ondrag(t.goto)         # 왼쪽 버튼으로 드래그 시 거북이 이동(선 긋기)
```

※ goto()는 x,y 입력 인자를 가지는 함수이다.

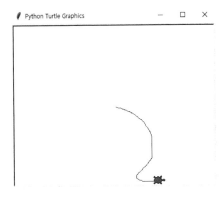

그림 7.3 마우스 이벤트 발생 시, 거북이 색상 변경 및 이동시키기

3.2. 키보드 관련 이벤트

거북이 그래픽 모듈에서는 키를 눌렀다 뗐을 때, 눌렀을 때 그리고 뗐을 때 이벤트를 발생시킬 수 있다. 이와 같은 키보드 관련 이벤트가 발생했을 때 실행되는 이벤트 핸들러는 onkey(), onkeypress(), onkeyrelease()를 이용하여 등록 가능하고, 거북이 객체와는 관계가 없으므로 오직 배경 윈도우 객체 내에서만 존재한다.

```
onkey(함수,키)          # 주어진 키를 눌렀다 뗐을 때 호출될 함수를 등록한다.
onkeypress(함수,키)     # 주어진 키를 눌렀을 때 호출될 함수를 등록한다.
                        # 키 생략 시 아무 키나 눌러도 함수가 실행된다.
onkeyrelease(함수,키)   # 주어진 키를 뗐을 때 호출될 함수를 등록한다.
```

키보드의 수많은 키들 중 화면에 출력되는 문자에 해당하는 키의 경우 출력되는 문자 그대로를 입력 인자로 주면 해당 키 이벤트 핸들러를 등록할 수 있다. 하지만 화면에 출력되지 않는 특수키의 경우, 해당 키가 특정될 수 있는 이름을 사용해야 한다.

표 7.1 특수키 이름

이름	설명
Right	오른쪽 화살표 키
Left	왼쪽 화살표 키
Up	위쪽 화살표 키
Down	아래쪽 화살표 키
space	스페이스 바
Escape	Esc 키
Tab	탭 키

※ 대소문자 구분에 유의해야 한다.

키보드 이벤트 핸들러를 등록하고 확인해보기 위해 다음 코드를 작성하여 실행해보자.

```
def turn():
    t.right(360)                        # 거북이 회전

import turtle
win = turtle.Screen()
t = turtle.Turtle('turtle')

win.onkeypress(turn)                    # 아무키나 누르면 turn 함수 실행
win.onkeyrelease(turn,'space')          # space키를 떼면 turn 함수 실행
win.listen()                            # 키보드 입력 감시 활성화
```

아무 키나 눌리면 거북이가 반시계 방향으로 한 바퀴 회전하는 것을 볼 수 있다. 스페이스 바를 떼면 이벤트가 또 발생하여 turn()이 실행되므로, 스페이스 바를 눌렀다 떼면 거북이가 2바퀴 회전하는 것을 볼 수 있다.

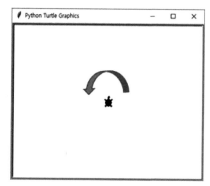

그림 7.4 키보드 이벤트에 의해 회전하는 거북이

아래와 같이 이벤트를 좀 더 확장하여 키보드로 거북이를 움직이는 프로그램을 작성해보자.

- 화살표 키(Right, Left, Up, Down)를 이용한다.

- P나 p키를 누르면 현재 거북이 위치(좌표)를 화면에 출력한다.

  ※ 배경 윈도우에 글씨를 쓰기 위해서는 배경 윈도우 객체 내 write()를 이용해야 한다.

  write(메시지)   # 배경 윈도우 화면에 메시지(문자열)를 출력한다.

```
step_size = 20          # 거북이 움직임 기본 단위

def goUp():             # 위로 이동(y좌표 증가)
```

```
    pos = t.pos()
    t.setpos(pos[0],pos[1]+step_size)

def goDown():     # 아래로 이동(y좌표 감소)
    pos = t.pos()
    t.setpos(pos[0],pos[1]-step_size)

def goRight():    # 오른쪽으로 이동(x좌표 증가)
    pos = t.pos()
    t.setpos(pos[0]+step_size,pos[1])

def goLeft():     # 왼쪽으로 이동(x좌표 감소)
    pos = t.pos()
    t.setpos(pos[0]-step_size,pos[1])

def writePos():   # 현재 위치 화면에 쓰기
    pos = t.pos()
    t.write(pos)

import turtle
win = turtle.Screen()
t = turtle.Turtle('turtle')
t.penup()

win.onkey(goUp,'Up')              # 위쪽 화살표 키 이벤트 핸들러(goUp) 등록
win.onkey(goDown,'Down')          # 아래쪽 화살표 키 이벤트 핸들러(goDown) 등록
win.onkey(goRight,'Right')        # 오른쪽 화살표 키 이벤트 핸들러(goRight) 등록
win.onkey(goLeft,'Left')          # 왼쪽 화살표 키 이벤트 핸들러(goLeft) 등록
win.onkey(writePos,'p')           # p키 이벤트 핸들러(writePos) 등록
win.onkey(writePos,'P')           # P키 이벤트 핸들러(writePos) 등록

win.listen()                      # 키보드 입력 감시 활성화
```

위 코드는 거북이가 바라보는 방향과 관계없이 움직일 수 있도록 setpos()를 사용하고 있다. setpos() 의 입력 인자로 절대적인 위치(좌표)가 필요하므로 현재 위치를 pos()를 통해 읽은 후 일정 값을 더해 이동한다.

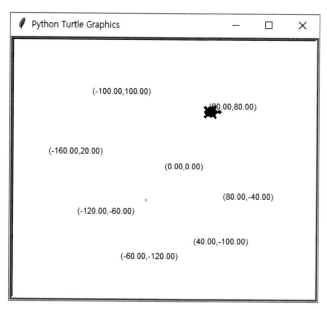

그림 7.5 키보드로 거북이 제어하기

4. 예제: 미로 탈출 게임 내 버튼 만들기

2장에서 만들었던 미로 탈출 게임에 다음과 같은 기능을 추가하여 좀 더 그럴듯하게 만들어 보자.

- 단계별로 난이도가 상승한다.

- 시작 버튼, 다음 버튼, 종료 버튼이 존재한다.

- 거북이를 움직여(마우스 드래그 혹은 클릭) 탈출 경로를 그릴 수 있다.

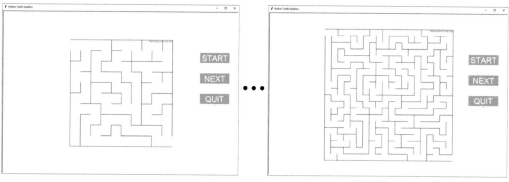

그림 7.6 기능이 추가된 미로 탈출 게임

위 프로그램을 제작하기 위해 다음과 같이 설계한다.

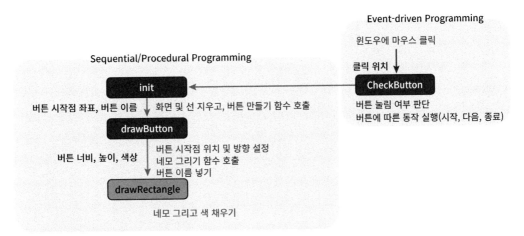

그림 7.7 미로 탈출 게임 설계

checkButton()은 마우스 클릭 이벤트를 감지하여 현재 마우스 클릭 위치가 시작 버튼, 다음 버튼, 종료 버튼 영역인지 판단한다. 만약 버튼이 클릭된 것이라면 해당 버튼에 따른 동작을 실행한다. 시작 버튼 혹은 다음 버튼이 눌리면 init()를 실행하여 현재 배경 윈도우를 초기화하고 현재 스테이지에 맞는 미로 그림으로 배경을 변경한다. init()는 버튼을 그리는 drawButton()을 호출하고 drawButton()은 다시 drawRectangle()을 호출하여 네모를 그린 후 버튼 이름을 화면에 출력한다.

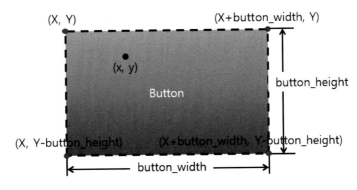

그림 7.8 마우스 클릭 위치와 버튼 영역

```python
def drawRectangle(width,height,color): # 주어진 너비, 높이, 색상의 네모 그리기
    t.fillcolor(color)
    t.begin_fill()
    t.forward(width)
    t.right(90)
    t.forward(height)
    t.right(90)
    t.forward(width)
```

```
            t.right(90)
            t.forward(height)
            t.end_fill()


def drawButton(x,y,msg): # Button 시작점 x좌표, y좌표, 메시지
            t.penup()
            t.goto(x,y)      # 버튼 시작점 위치로 이동
            t.setheading(0) # 버튼 시작점 방향 초기화
            drawRectangle(button_width,button_height,button_color)
            t.goto(x+button_width/2,y-button_height)            # 네모 아래 중앙으로 이동
            t.pencolor('white')
            t.write(msg,align='center',font=('Arial',30))      # 텍스트 입력


def init():
            win.bgpic('') # 화면 지우기
            t.clear()      # 선 지우기
            drawButton(start_x,start_y,'START')      # 시작 버튼 만들기
            drawButton(next_x,next_y,'NEXT')         # 다음 버튼 만들기
            drawButton(quit_x,quit_y,'QUIT')         # 종료 버튼 만들기


def checkButton(x,y):
            global stage                              # stage 전역변수 사용
            if (x>=start_x and
                x<=start_x+button_width and
                y<=start_y and
                y>=start_y-button_height):            # 시작 버튼 눌렀을 때
                stage = 1
                init()
                win.bgpic('mazeStage1.png')
            elif (x>=next_x and
                x<=next_x+button_width and
                y<=next_y and
                y>=next_y-button_height):             # 다음 버튼 눌렀을 때
                stage = stage + 1
                init()
                if stage == 2:
                    win.bgpic('mazeStage2.png')
                else:
                    win.bgpic('mazeStage3.png')
            elif (x>=quit_x and
                x<=quit_x+button_width and
                y<=quit_y and
```

```
        y>=quit_y-button_height):  # 종료 버튼 눌렀을 때
        win.bye()                    # 윈도우 닫기
    else:
        t.goto(x,y)
        t.pendown()
        t.pencolor('black')


stage = 0    # 미로 게임 스테이지 번호
window_width = 1200     # 전체 윈도우 너비
window_height = 800     # 전체 윈도우 높이
button_width = 150      # 버튼 너비
button_height = 50      # 버튼 높이
button_color = 'sky blue'  # 버튼 색상
start_x = 400   # 시작 버튼 시작점 x좌표
start_y = 200   # 시작 버튼 시작점 y좌표
next_x = 400    # 다음 버튼 시작점 x좌표
next_y = 100    # 다음 버튼 시작점 y좌표
quit_x = 400    # 종료 버튼 시작점 x좌표
quit_y = 0      # 종료 버튼 시작점 y좌표


import turtle
win = turtle.Screen()
win.setup(window_width,window_height)
t = turtle.Turtle()
t.speed(500)


init()  # 화면 및 선 지우고 버튼 만들기


win.onclick(checkButton)        # 마우스 버튼 이벤트 발생 시 checkButton 함수 실행
t.ondrag(t.goto)                # 마우스 드래그 시 거북이 객체 이동(선 긋기)
```

※ 함수 외부에서 정의한 변수를 함수 내에서 사용하고 싶을 때에는 'global 변수명'을 삽입한다. 그렇지 않은 경우 초기화되지 않은 변수라는 오류가 발생한다. 프로그램을 실행해보자.

1. START 버튼을 눌러 게임을 시작한다.

2. 마우스 클릭, 드래그를 이용하여 탈출 지점까지 선을 긋는다.

3. NEXT 버튼을 눌러 다음 스테이지로 이동한다.

4. QUIT 버튼을 누르면 종료한다.

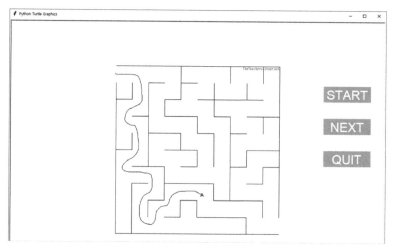

그림 7.9 미로 탈출 게임 실행 화면

5. 쓰레드(thread)

다수의 거북이 객체를 생성하여 달리기 시합 프로그램을 작성해보자.

- 거북이, 강아지, 고양이가 출전한다.

- 거북이 객체를 각각 생성하고, 난수를 생성하여 그 난수만큼 앞으로 이동(forward)한다.

거북이 그래픽 모듈을 이용하여 배경 윈도우 객체, 다수의 거북이 객체를 생성하고 초기 위치로 이동 시킨 후 난수를 생성하여 각각의 객체를 앞으로 이동시키는 간단한 프로그램이다.

그림 7.10 달리기 시합이 펼쳐질 별무리 경기장

그림 7.11 거북이, 강아지, 고양이

```
'''
    달리기 시합 프로그램
- 참가선수: 거북이, 강아지, 고양이
'''

import turtle                        # 거북이 그래픽 모듈 가져오기
import random                        # 랜덤 모듈 가져오기

win = turtle.Screen()                # Screen객체 생성하여 win변수에 대입
                                     # 앞으로 Screen관련 명령은 win에게 명령 전달
win.title('별무리경기장')             # 윈도우 이름 설정
win.bgpic('별무리경기장.gif')         # 배경 설정

width = 1200                         # 경기장 가로 길이를 width 변수에 저장(대입)
height = 800                         # 경기장 세로 길이를 height 변수에 대입
offset = 50                          # 윈도우 창을 고려한 여백
win.setup(width,height)              # 윈도우(경기장) 크기를 설정

win.addshape('거북이.gif')            # 거북이 이미지 추가
win.addshape('강아지.gif')            # 강아지 이미지 추가
win.addshape('고양이.gif')            # 고양이 이미지 추가

Turtle = turtle.Turtle()             # 거북이 객체 생성하여 Turtle 변수에 대입
Turtle.shape('거북이.gif')            # Turtle (거북이 객체) 모양 변경
puppy = turtle.Turtle()              # 거북이 객체 생성하여 puppy 변수에 대입
puppy.shape('강아지.gif')             # puppy (거북이 객체) 모양 변경
cat = turtle.Turtle()                # 거북이 객체 생성하여 cat 변수에 대입
cat.shape('고양이.gif')               # cat (거북이 객체) 모양 변경

Turtle.penup()                       # 이동시켜도 선이 그어지지 않도록 펜을 올림
puppy.penup()
cat.penup()

# 출발선으로 이동
Turtle.goto(-width/2+offset,-8/32*height)
puppy.goto(-width/2+offset,-10/32*height)
cat.goto(-width/2+offset,-12/32*height)

# 달리기 시작
while(Turtle.xcor() < width/2-2*offset):      # 목표점 도달 전이라면 반복하여
    Turtle.forward(random.randint(1,2))       # 앞으로 이동(이동량은 난수)
while(puppy.xcor() < width/2-2*offset):
    puppy.forward(random.randint(2,8))
```

```
while(cat.xcor() < width/2-2*offset):
    cat.forward(random.randint(1,7))
```

위 프로그램이 실행되면 거북이가 먼저 출발하여 결승선에서 멈춘 뒤 비로소 강아지가 출발하는 것을 볼 수 있다. 순차적으로 실행되는 프로그램의 특성상 어쩔 수가 없는 것일까? 달리는 부분의 코드를 약간 수정하여 반복문이 실행될 때마다 거북이, 강아지, 고양이가 차례대로 움직이게 해보자.

그림 7.12 차례대로 달리는 달리기 시합

```
# 달리기 시작
while (Turtle.xcor() < width/2-2*offset) and (puppy.xcor() < width/2-2*offset) and (cat.xcor() <
width/2-2*offset):
# 목표점 도달 전이라면 반복하여
    Turtle.forward(random.randint(1,2))    # 앞으로 이동(이동량은 난수)
    puppy.forward(random.randint(2,8))
    cat.forward(random.randint(1,7))
```

그림 7.13 동시에 달리는 것처럼 보이는 달리기 시합

반복문이 실행될 때마다 거북이, 강아지, 고양이를 생성된 난수만큼 움직였더니 동시에 달리는 것처럼 보인다. 각각의 객체를 진짜로 동시에 움직일 수는 없을까?

쓰레드(thread)는 프로그램의 실행 흐름을 독립적으로 가지고 있는 것으로 여러 개의 쓰레드를 생성하면 작업을 병렬적으로 처리할 수 있다. 이를 다중 쓰레드라고 한다. 즉, 이를 이용하면 거북이, 강아지, 고양이 객체를 동시에 움직일 수 있다.

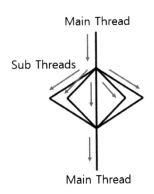

그림 7.14 다중 쓰레드의 실행 흐름

파이썬에서는 threading 모듈의 Thread()를 이용하여 쓰레드를 생성할 수 있다.

```
Thread(target=함수)        # 주어진 함수가 실행되는 쓰레드를 생성한다.
```

여러 개의 간단한 쓰레드를 생성한 후 시작하여 실행되는 모습을 살펴보자.

```
def thread1():
    for i in range(1,5):
        print('1 ')

def thread2():
    for i in range(1,5):
        print('2 ')

def thread3():
    for i in range(1,5):
        print('3 ')

import threading                         # threading 모듈 불러오기
t1 = threading.Thread(target=thread1)    # thread 만들기
t2 = threading.Thread(target=thread2)
t3 = threading.Thread(target=thread3)

t1.start()                               # thread 시작
t2.start()
t3.start()
```

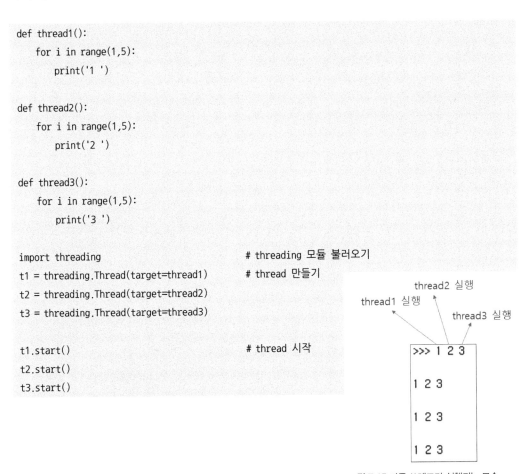

그림 7.15 다중 쓰레드가 실행되는 모습

각각의 쓰레드를 시작시키는 start()는 순차적으로 실행되었지만, 모든 쓰레드가 동시에 수행됨을 확인할 수 있다.

거북이의 이동, 강아지의 이동, 고양이의 이동 작업을 각각 쓰레드로 만들고 시작시켜보자.

```
# 달리기 시작
def turtleRun():
    while(Turtle.xcor() < width/2-2*offset):      # 목표점 도달 전이라면 반복하여
        Turtle.forward(random.randint(1,2))       # 앞으로 이동(이동량은 난수)

def puppyRun():
    while(puppy.xcor() < width/2-2*offset):
        puppy.forward(random.randint(2,8))

def catRun():
    while(cat.xcor() < width/2-2*offset):
        cat.forward(random.randint(1,7))

import threading
t1 = threading.Thread(target=turtleRun)           # 거북이 달리기를 위한 thread 생성
t2 = threading.Thread(target=puppyRun)            # 강아지 달리기를 위한 thread 생성
t3 = threading.Thread(target=catRun)              # 고양이 달리기를 위한 thread 생성

t1.start(); t2.start(); t3.start()                # thread 시작
win.mainloop()                                    # main thread가 끝나지 않게 유지
```

※ 거북이, 강아지, 고양이의 달리기 쓰레드가 실행되고 있을 때, 프로그램(메인 쓰레드)이 종료되면 오류가 발생하므로 mainloop()를 통해 프로그램이 종료되지 않도록 한다.

위 프로그램을 실행하면 거의 동시에 결승점을 향해 달려가는 거북이, 강아지 그리고 고양이를 볼 수 있다.

6. 모션 구현하기

프레임(frame)은 화면에 뿌려지는 정지 영상의 낱장, 즉 이미지를 뜻한다. 사람의 눈은 초당 10에서 12프레임 정도를 인지하고, 초당 24에서 30프레임이 넘어가면 부드러운 움직임을 느낄 수 있다. 거북이 그래픽 모듈에서도 몇 장의 연속된 이미지들을 짧은 시간 안에 반복적으로 보여줌으로써 움직임(모션)을 구현할 수 있다. 각 프레임별 이미지 파일을 준비하거나 모션 gif 파일에서 프레임별로 추출하여 사용한다.

GIF frame extractor (splitter)

Select image

Upload image from your computer:

찾아보기

OR paste image url:

Supported image types: animated GIF, WebP, APNG, FLIF, MNG
Max file size: 35MB

Upload!

For permanent links you can use: https://ezgif.com/split?uri=https://example.com/source-image.gif

Split images:

그림 7.16 gif 프레임 추출 사이트(https://ezgif.com/split)

사람이 걷는 움직임을 보이는 모션 gif를 가져와 수십 개의 프레임으로 분리해보자.

그림 7.17 모션 gif의 프레임 추출

현재 작업 디렉터리에 '걷는 사람'이라는 폴더를 생성하고 추출된 모든 이미지 파일을 저장한다.

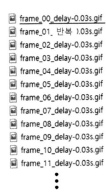

frame_00_delay-0.03s.gif
frame_01_ 반복).03s.gif
frame_02_delay-0.03s.gif
frame_03_delay-0.03s.gif
frame_04_delay-0.03s.gif
frame_05_delay-0.03s.gif
frame_06_delay-0.03s.gif
frame_07_delay-0.03s.gif
frame_08_delay-0.03s.gif
frame_09_delay-0.03s.gif
frame_10_delay-0.03s.gif
frame_11_delay-0.03s.gif
⋮

그림 7.18 추출된 이미지 파일들

addshape()를 호출하여 추출된 이미지 파일들을 모양으로 등록하고 반복문으로 거북이 모양을 바꿔주면 모션을 볼 수 있다. 키 입력 이벤트가 발생할 때마다 반복문을 실행시켜보자.

```python
import turtle
win = turtle.Screen()
t = turtle.Turtle()
t.penup()

# 프레임별 이미지를 모양으로 등록
for i in range(0,10):
    turtle.addshape('./걷는사람/frame_0'+str(i)+'_delay-0.03s.gif')
for i in range(10,81):
    turtle.addshape('./걷는사람/frame_'+str(i)+'_delay-0.03s.gif')

t.shape('./걷는사람/frame_00_delay-0.03s.gif')

def animation():
    # 모든 프레임별 이미지 하나씩 모양 변경
    for i in range(0,10):
        t.shape('./걷는사람/frame_0'+str(i)+'_delay-0.03s.gif')
    for i in range(10,31):
        t.shape('./걷는사람/frame_'+str(i)+'_delay-0.03s.gif')

win.onkeypress(animation)        # 키 입력시 모션 수행
win.listen()                     # 키 입력 감시 활성화
```

위 프로그램을 실행하면 키 입력 때마다 반복하여 프레임들을 연속하여 보여줌으로써 움직이는 것처럼 보인다.

그림 7.19 모션의 구현 모습

걷는 움직임은 구현이 되었으니 이제 실제로 이동시켜보자. 마우스 클릭을 통해 객체를 이동시키면서도 움직임은 계속 유지되도록 하기 위해서는 다중 쓰레드가 필요하다. 마우스 클릭 이벤트 핸들러는 메인 쓰레드에서 실행하고, 모션을 만드는 코드는 쓰레드를 생성하여 동작시키자.

```python
def animation():
    # 모든 프레임별 이미지 하나씩 모양 변경
    while True:
        for i in range(0,10):
            t.shape('./걷는사람/frame_0'+str(i)+'_delay-0.03s.gif')
        for i in range(10,31):
            t.shape('./걷는사람/frame_'+str(i)+'_delay-0.03s.gif')


import turtle
win = turtle.Screen()
t = turtle.Turtle()
t.penup()


# 프레임별 이미지를 모양으로 등록
for i in range(0,10):
    turtle.addshape('./걷는사람/frame_0'+str(i)+'_delay-0.03s.gif')
for i in range(10,81):
    turtle.addshape('./걷는사람/frame_'+str(i)+'_delay-0.03s.gif')


t.shape('./걷는사람/frame_00_delay-0.03s.gif')


import threading
t1 = threading.Thread(target=animation)    # 걷는 모션 반복하는 쓰레드 생성
t1.start()                                  # 걷는 모션 반복 시작


win.onclick(t.goto)        # 클릭한 곳으로 이동
win.mainloop()             # main thread 종료 방지
```

01. 그림판 프로그램 만들기

- 여러 가지 색상 선택 버튼, 굵기 선택 버튼, 모두 지우기 버튼, 종료 버튼을 만든다.

- 다양한 색상과 굵기를 지원(optional)한다.

그림판 프로그램 실행 모습

디자인 사고와 컴퓨팅 사고

1. 디자인 사고(Design Thinking)

디자인 씽킹이라고도 불리는 디자인 사고는 미국의 한 디자인 전문 업체인 IDEO의 CEO 팀 브라운 (Tim Brown)에 의해 구체화되어 2008년 HBR(Havard Business Review)에서 발표되었다. 이는 "인간의 요구를 이해하고 공감하려 노력하는 디자이너들의 사고방식"이다.

그림 8.1 디자인 사고의 창시자 팀 브라운(Tim Brown)

또한 '똑똑한 대중', '참여군중', '집단지성'이라고 일컬어지는 **능동적이고 창의적인 사고**를 뜻한다. 이성적인 생각과 판단만으로는 창의적인 아이디어를 떠올리기 쉽지 않다. 디자이너들의 사고방식을 차용하고 직관성과 논리성의 균형적 사고를 통해 새롭고 기발한 아이디어를 제안할 수 있다. 디자인 사고의 요소들은 다음과 같다.

- 어떤 문제에 대하여 광범위하고 엉뚱할 수도 있는 다양한 대안을 찾는 **'확산적 사고'**
- 논리적 연관성을 뛰어넘는 **'직관적 사고'**
- 선택된 대안을 현실에 맞게 다듬는 **'수렴적 사고'**
- 문제에 대한 **'분석적 사고'**
- 위 사고들 기반의 **'통합적이고 융합적 사고'**

디자인 사고의 과정은 다음과 같은 단계들로 이루어진다.

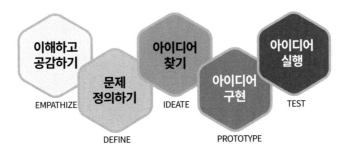

그림 8.2 디자인 사고의 과정(design thinking process)

1. **이해하고 공감하기**(empathize): 상황을 관찰하고 문제점을 파악 및 발견한다.

2. **문제 정의하기**(define): 문제를 인식하고 공유하여 문제 지점을 도출한다.

3. **아이디어 찾기**(ideate): 주어진 문제를 해결하기 위한 다양한 아이디어를 모색한다.

4. **아이디어 구현**(prototyping): 아이디어를 (빠르게) 구현한다.

5. **아이디어 실행**(test): 프로토타입에 대한 피드백을 얻어 개선한다.

디자인 사고의 과정을 단계별로 살펴보자.

1.1. 공감하기

"의미있는 혁신을 만들려면 사용자를 알고 그들의 삶에 신경을 써야 한다."

그림 8.3 관찰, 대화 등을 통해 공감하기

'공감하기'는 디자인 사고 프로세스의 핵심적인 단계이다. 일반적으로 해결하려는 문제들은 대부분 타인들이 겪고 있는 문제이기 때문에 타인들을 이해하고 공감해야만 한다. 즉, 사람들을 이해하기 위한 작업이라고 할 수 있다. 사람들의 행동 방식과 그 이유가 무엇인지, 어떤 감정적 욕구를 가지고 있는지, 세상을 보는 시각과 가치관이 어떤지 등을 살펴봐야 한다.

'공감하기' 단계는 크게 자료 수집과 자료 분석 과정으로 나눌 수 있다. 여기서 자료라는 것은 사람들의 말과 행동이고, **'관찰하기'**, **'대화하기'**, **'보고 듣기'**를 통해 수집할 수 있다. '관찰하기'는 일상 속에서 사람들이 하는 말과 행동을 지켜보는 것이다.

"세 사람이 걸어갈 때 반드시 나의 스승이 있다." '논어'에 나오는 문구로 이는 다른 사람들의 말과 행동을 확인하는 과정에서 유용한 깨달음을 얻을 수 있음을 뜻한다. '대화하기'는 인터뷰보다는 일상적인 대화에 더 가까워야 한다. 사람들과 얘기하면서 항상 왜?를 물어보도록 하고, 더 깊은 의미를 찾도록 노력한다. 마지막으로 '보고 듣기'는 관찰과 대화를 동시에 하는 것으로 공감하기의 가장 좋은 방법이다. 어떤 일을 어떻게 하는지 보고 왜 그렇게 하는지, 작업하는 동안 드는 생각이 무엇인지 설명을 듣는다.

이렇게 수집된 자료는 추론과 통찰을 통해 분석을 수행한다. 문제에 대한 최고의 솔루션(해답)은 사람들의 말과 행동에 대한 최고의 통찰에서 나온다. 하지만 이런 통찰들을 찾아내는 것은 생각보다 어려운 일이다. 서로 주고받는 대화나 행동에서 많은 정보를 자동으로 걸러내기 때문이다. **편견 없는 시각으로 관찰하고 대화해야만 한다.**

'공감하기' 단계에서 마지막으로 해야 하는 일은 '풀어놓기'이다. 찾은 내용들을 공유하고 중요한 부분들은 시각 자료로 남기는 등의 정리 작업을 뜻한다. 다음 단계인 '정의하기'로 넘어가기 위해서는 작업으로 보고 들은 모든 것을 정리해야 한다.

1.2. 정의하기

"옳은 질문을 만들어 내는 것이 옳은 답을 얻어내는 유일한 방법이다."

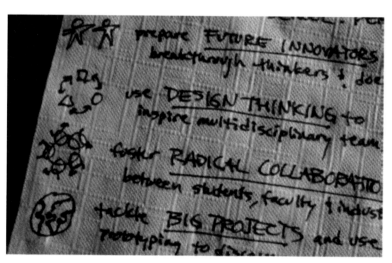

그림 8.4 패턴 찾기, 팀원과의 대화 등을 통한 문제 정의하기

'정의하기'는 어떤 문제를 정의하여 해결할지 결정하는 단계이다. 같은 현상(데이터)을 관찰하더라도 인식하는 문제의 종류는 시각에 따라 다를 수 있다. 따라서 '공감하기'를 통해 얻은 데이터를 어떻게 바라볼 것인지 그 시각을 결정하는 단계라고 할 수도 있다.

통찰은 갖고 있는 정보를 조합하면서 연결점과 패턴을 찾는 과정에서 생긴다. 정리 안 된 자료들을 이용하여 강력한 통찰로 문제를 찾고 정의하는 과정으로서 설계 방향을 명확하게 하는 과정이기도 하다. 어떤 문제들이 있는지, 그 중 어떤 문제를 푸는 게 맞는지 결정하고 범위를 좁히기 위해 문제 정의하기 단계가 필요하다.

어떤 방법으로 '정의하기'를 수행해야 할까? 우선, 주어진 자료에서 일정한 규칙이나 반복되는 현상이 있는지 그 패턴을 찾는다. 관찰이나 대화 시 신경 쓰이거나 흥미로웠던 점에 대해 그 이유를 자신과 팀원들에게 질문하는 방법도 있다. 또한 더 나아가 사용자를 이해하고 사용자를 만족시킬 욕구(니즈, needs)를 정한다.

일단 문제가 정의되면 "어떻게 하면 정의한 문제를 해결할 수 있을까?"라는 브레인스토밍을 하여 잘 되는지 확인한다. **잘 표현된 적당한 규모의 문제는 아이디어를 자연스럽게 불러오기 때문에** 브레인스토밍이 잘 되는 지를 확인하면 문제가 제대로 정의되었는지 확인할 수 있다.

1.3. 아이디어 떠올리기

"맞는 아이디어를 생각하는 것이 아니라 최대한 다양한 가능성을 만드는 것이 목표이다."

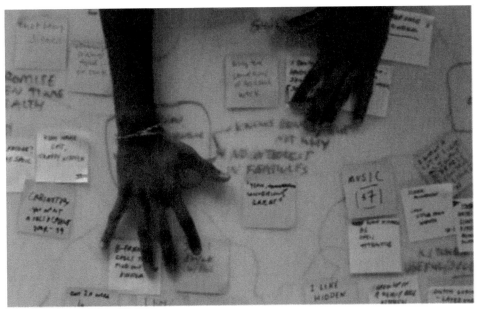

그림 8.5 다양한 아이디어 떠올리기

아이디어를 만드는데 집중하는 단계이다. 다음 단계에서 프로토타입(prototype)을 만들고, 사용자에게 혁신적인 해답을 줄 수 있는 연료와 재료를 준비하고 제공한다. 문제와 사용자에 대해 잘 이해하고 상상력을 결합하여 아이디어를 찾는다. 문제를 발견하는 단계에서 더 나아가 해답을 만드는 단계로 넘어가기 위해 '아이디어 떠올리기' 단계는 꼭 필요하다.

처음부터 최적의 아이디어를 찾는 것은 거의 불가능하다. 최적의 아이디어를 찾으려고 노력하기보다는 다양한 아이디어를 찾기 위해 노력해야 한다. 다양한 아이디어는 이후 단계들에서 테스트와 피드백을 통해 최적의 아이디어를 찾는 데 이용된다.

며칠 동안 고민하던 복잡한 문제의 고민을 내려놓고 잠시 아무 생각 없이 쉬는 동안에 좋은 해결책이 떠오르는 경우가 있다. 좋은 아이디어를 떠올리기 위해서는 **의식과 무의식의 결합, 이성과 상상의 조합**이 필요하다. 실제로 이성적인 개발자의 아이디어는 상상력이 풍부한 기획자의 아이디어보다 대개의 경우 좋지 않다. 아이디어를 떠올리는 방법은 **브레인스토밍(brainstorming)**, **프로토타이핑(prototyping)**, **마인드매핑(mindmapping)**, **스케칭(sketching)** 등 다양한 방법이 있다. 무엇보다 아이디어를 생성할 때는 아이디어를 평가하지 않아야 한다. 이성보다는 상상력과 창의력이 주도권을 갖기 위함이다.

그림 8.6 브레인스토밍

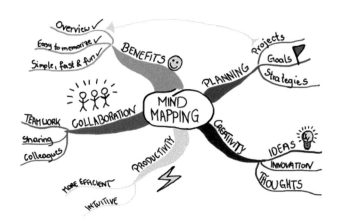

그림 8.7 마인드매핑

다음 단계인 '프로토타입 만들기'를 위해서 하나의 아이디어만을 선정하지 말고 여러 개의 아이디어를 선정하자. 사용자가 가장 좋아할 아이디어, 가장 현실적인 아이디어, 가장 뜻밖의 아이디어 등 여러 가지 기준으로 아이디어를 선정한다.

1.4. 프로토타입 만들기(prototyping)

"생각하기 위해서 만들고 배우기 위해서 테스트하라."

그림 8.8 시제품 만들기

프로토타이핑이란 아이디어를 이용하여 프로토타입, 즉 시제품을 만드는 것을 뜻한다. 최종 해답에 도달할 수 있게 해줄 질문들에 대한 답을 찾기 위해 반복적으로 만들어내는 과정이다. 무엇보다 빠르고 비용을 적게 소모할 수 있으면서도 유용한 피드백을 받을 수 있는 프로토타이핑이 필요하다.

시간과 비용을 소모하면서 프로토타입을 굳이 만드는 이유는 무엇일까?

1. 해답을 만드는 과정을 관리하여 큰 문제를 테스트 가능한 조각 문제로 만든다.
2. 그림 한 장이 천 마디의 말을 담는다는 말처럼, 프로토타입 하나는 천 장의 그림을 담을 수 있다. 이를 통해 사용자와 소통한다.
3. 프로토타입을 이용하면 사용자와 더 다양하고 집중된 이야기가 가능하다. 아울러 이를 통해 대화를 시작할 수 있다.
4. 더 나은 아이디어를 떠올리고 문제를 풀기 위해 필요하다. 즉, 생각하기 위해 만든다.
5. 상대적으로 비용이 낮은 시제품을 통해 빠르고 값싸게 실패하기 위해서이다.
6. 가능성을 실험하기 위해서이다.

'프로토타입 만들기' 단계는 아래와 같은 방법으로 실행한다.

- 당장은 확신이 들지 않더라도 먼저 만들기 시작한다.

- 한 프로토타입에 너무 많은 시간을 소요하지 않는다. 자신의 시간과 노력이 들어간 만큼 애착이 생겨 자기 방어적 생각에 빠지기 쉽다. 애착을 갖기 전에 버리기 위함이다.

- 하나의 프로토타입은 하나의 질문에 대한 답을 알려준다. 피드백을 통해 변수를 파악한다.

- 피드백을 생각하면서, 즉 사용자를 생각하면서 만든다.

또한 다음 단계인 '테스트하기'를 위해서 프로토타입을 만들기 전에 무엇을 어떻게 테스트할지 생각한다.

1.5. 테스트하기

"테스트는 당신의 아이디어와 사용자에 대해서 배울 수 있는 기회이다."

그림 8.9 테스트하기

만들어진 프로토타입에 대한 피드백을 얻는 단계이다. 평소의 생활 루틴, 실제 상황과 비슷한 환경과 조건에서 테스트한다.

"맞다는 확신을 갖고 프로토타입을 만들고, 틀렸다는 확신을 갖고 테스트하라."

아이디어를 구체화하고 개선할 기회이므로 최대한 의견을 수용할 자세를 가지고 임해야 한다.

왜 테스트해야 할까?

- 문제를 더 구체화하기 위해 필요하다. 테스트를 통해서 문제가 잘못되었다는 결론에 이를 수도 있다.

- 프로토타입과 아이디어를 더 구체적으로 하기 위해서이다.

- 궁극적으로는 사용자에 대해 더 배우기 위함이다.

테스트를 진행할 때는 사용자에게 프로토타입을 주고 아무것도 설명하지 않는 것이 좋다. 사용자가 스스로 프로토타입을 이해하도록 하고 어떻게 상호작용하는지 관찰한다. 또한 프로토타입에 대해 무엇이라고 하는지 무엇을 물어보는지 듣는다. 프로토타입 여러 개를 테스트하면, 사용자가 직접 비교할 수 있고 그 과정에서 숨어있는 사용자의 니즈를 발견할 수 있다.

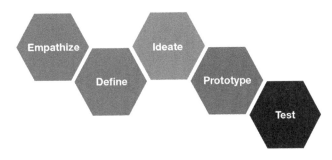

그림 8.10 디자인 사고과정의 각 단계

'공감하기', '정의하기', '아이디어 떠올리기', '프로토타입 만들기', '테스트하기'로 이루어지는 디자인 사고의 과정은 한 번으로 충분하지 않다. 각 단계를 반복하여 문제의 범위를 좁히고, 이를 통해 더 좋은 아이디어, 프로토타입이 도출된다. 또한 각 단계들의 순서를 변경하면서 주어진 문제나 작업에 최적화된 프로세스를 찾을 수 있다.

2. 컴퓨팅 사고(Computational Thinking)

2006년 당시 카네기멜론 대학의 컴퓨터공학과 학과장을 맡고 있던 지넷 윙(Jeannette Wing)은 'Computational Thinking'이라는 논문을 발표하면서 컴퓨팅 사고를 다음과 같이 소개하였다.

그림 8.11 2013년 다보스 포럼에서의 지넷 윙

"21세기를 살아가는 사람들이 자신들의 생활과 직장에서 삶을 성공적으로 이끌어 나가기 위해
갖추어야 할 필수적인 역량"

한 마디로 정의하자면 '인간의 사고와 컴퓨터의 연산 능력을 통합하여 문제의 해결책을 만들어 내는 사고과정'이다. 4차 산업혁명 시대에서는 컴퓨터공학 분야뿐만 아니라 모든 분야에서 사람의 능력만으로 얻을 수 있는 결과에는 한계가 존재한다. 컴퓨터의 능력과 장점을 이해하고, 시너지 효과를 발휘할 수 있도록 컴퓨팅 사고를 연마할 필요가 있다.

또한 컴퓨팅 사고는 프로그래밍으로 연결되는 전(前) 단계이다.

컴퓨팅 사고   컴퓨팅 프로그래밍   컴퓨터에서 실행

그림 8.12 프로그래밍의 전(前) 단계인 컴퓨팅 사고

컴퓨팅 사고는 다음과 같은 요소(과정)를 포함한다.

- 문제의 분석 및 분해(decomposition)

- 패턴 인식(pattern recognition)

- 추상화(abstraction)

- 알고리즘(algorithm)

- 프로그램 설계, 실행, 결과 분석을 통한 자동화(automation)

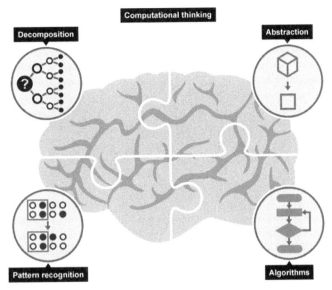

그림 8.13 컴퓨팅 사고의 핵심요소

그림 8.14 컴퓨팅 사고와 파이썬

디자인 사고과정에서 정의된 문제를 분석하고 분해한다. 큰 문제를 작은 문제로 분해하고 복잡한 구조는 단순한 구조로 추상화시킨다. 문제를 분석하고 해를 찾는 과정에서 패턴을 찾아낸다. 그리고 이를 반복하는 자동화를 통해 문제를 해결하는데 이를 위해 여러 가지 알고리즘들이 필요하다.

 다음은 어느 한 학생이 '배가 고픈 문제'의 해결을 위해 컴퓨팅 사고 기반의 순서도(flow chart)를 작성한 것이다. 이는 문제해결을 위한 이 학생만의 알고리즘이라고 볼 수 있다. 변수에 값을 대입하는 부분, 조건문 등이 표현되어 있다.

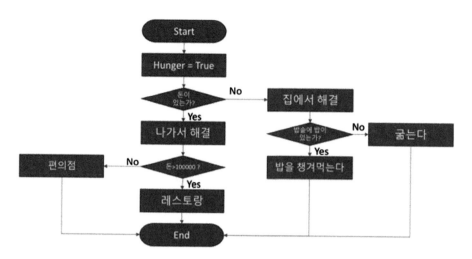

그림 8.15 한 학생의 배고픈 문제해결을 위한 알고리즘 설계

이처럼 문제가 주어졌을 때 최적의 해를 위한 설계과정, 구현과정에서 컴퓨팅 사고가 활용된다. 디자인 사고과정 중 '프로토타입 만들기' 단계에서 컴퓨팅 사고를 활용하여 파이썬 프로그램를 설계하고 구현해보자. 다음 장부터는 이를 위해 필요한 컴퓨팅 사고의 핵심적인 요소들을 학습한다.

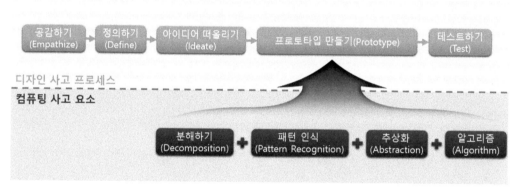

그림 8.16 디자인 사고 과정과 컴퓨팅 사고의 요소

01. 디자인 사고 프로세스의 각 단계와 그 방법에 대하여 기술하시오.

02. 디자인 사고 프로세스의 '공감하기' 단계에서 편견 없는 시각이 중요한 이유는 무엇인가?

03. 디자인 사고 프로세스의 '정의하기' 단계가 잘 이루어졌는지 확인하는 방법은 무엇인가?

04. 다음 중 '아이디어 떠올리기' 단계에서 사용하는 방법이 아닌 것을 고르시오.

  1. 브레인스토밍(brain storming)

  2. 마인드매핑(mind mapping)

  3. 인터뷰(interview)

  4. 스케칭(sketching)

05. 다음 중 컴퓨팅 사고의 핵심요소가 아닌 것을 고르시오.

  1. 문제 분해(decompostion)

  2. 알고리즘(algorithm)

  3. 문제 정의(definition)

  4. 추상화(abstraction)

  5. 패턴 인식(pattern recognition)

01. 디자인 사고 프로세스에 따른 팀 프로젝트 수행을 시작하기

- 컴퓨팅 사고 요소를 결합한 프로토타입으로서의 파이썬 프로그램을 만든다.

- 팀 프로젝트를 위한 팀 구성 후, 디자인 사고 프로세스의 각 단계를 수행한다.

1. 공감하기 – 자료 수집(관찰, 대화, 보고 듣기)과 분석(추론, 통찰) 그리고 풀어 놓기

2. 정의하기 – 해결할 문제 정의(자료의 패턴 찾기, 니즈 정하기)

3. 아이디어 떠올리기 – 브레인스토밍, 마인드매핑, 스케칭 등을 활용

4. 몇 개의 주제를 선정 – 친구들이 가장 좋아할 주제, 성적이 가장 잘 나올 것 같은 주제, 가장 개성 있는 주제 등

문제 분해

- 문제를 정의하고 이를 해결하기 위한 단계를 이해한다.
- 컴퓨팅 사고의 핵심요소 중 하나인 '분해'를 학습한다.

1. 문제와 문제의 해결

문제(problem)는 무엇일까? 다음과 같이 여러 가지 문장으로 정의될 수 있다.

- 답을 요구하는 물음

- 원래 의도했던 것과 다르게 진행되어 해결하기 어렵게 된 일이나 상태

- 현재 및 초기 상태와 목표 상태 사이의 장애로 인해 간격이나 괴리가 있는 것

  예) '친구와의/병원진료 약속을 언제로 잡을까?', '이번 시험 결과로 학점은 얼마나 나올까?', '오늘은 어떤 옷을 입을까?'

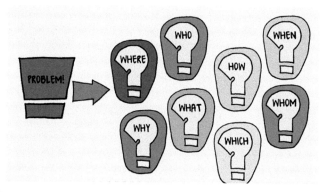

그림 9.1 문제(problem)

그렇다면 문제해결(problem solving)이란 무엇일까? 마찬가지로 여러 정의가 존재한다.

- 요구하는 답을 찾아내는 것

- 바람직한 현상을 만들기 위한 과정

이 같은 문제해결을 위해서는 우선, 주의 깊게 문제를 이해하는 작업이 필요하다. 자료를 수집하고 분석하는 과정도 이에 해당한다. 예를 들어, 사진 자료를 거꾸로 들여다 보거나, 해당 분야의 시장 규모를 알아보는 일들이다. 또한 모든 가정을 고려하여 문제에 깊이 들어갈 필요가 있다. 문제에 깊이 들어간다는 것은 문제를 여러 가지 관점에서 바라본다는 의미이다. 마지막으로 몇 가지 솔루션을 평가하고 분석하는 작업이 동반되어야 한다.

몇 가지 예제 문제들을 통해 문제해결의 과정을 연습해보자.

1.1. 예제1: 들판의 참새 떼

다음은 11세기 인도의 수학자인 바스카라(A. Bhaskara)가 쓴 것으로 알려진 수학 시화 한 편이다.

선녀같이 아름다운 눈동자의 아가씨여!
참새 몇 마리가 들판에서 놀고 있는데 두 마리가 더 날아왔어요.
그리고 전체의 다섯 배가 되는 귀여운 참새 떼가 더 날아와서 함께 놀았어요.
저녁 노을이 질 무렵, 열 마리의 참새가 숲으로 돌아가고, 남은 참새 스무 마리는 밀밭으로
숨었대요. 처음 참새는 몇 마리였는지 내게 말해 주세요.

그림 9.2 '들판의 참새 떼'

위 문제의 해를 구하기 위해

01. 우선, 자료를 수집한다.

- 처음에 들판에서 놀고 있던 참새의 수: ? 마리

- 더 날아온 참새의 수: 2마리

- 들판에 있는 참새들의 몇 배가 더 날아왔나?: 5배

- 저녁 노을이 질 무렵 몇 마리가 숲으로 돌아갔는가?: 10마리

- 풀 속에 남아 있는 숨은 참새의 수는?: 20마리

02. 수집된 자료를 분석한다.

처음에 들판에서 놀고 있던 참새의 수를 x마리라고 하면 다음과 같은 수식이 얻어진다.

$$(x\text{마리} + 2\text{마리}) \times (5\text{배} + 1\text{배}) - 10\text{마리} = 20\text{마리} \qquad \text{(9.1)}$$

03. 주어진 자료를 변수로 표현한다.

- 처음에 들판에서 놀고 있던 참새의 수(x): x 마리 → x

- 더 날아온 참새의 수(a): 2마리 → a = 2

- 들판에 있는 참새들의 몇 배가 더 날아왔나?(b): 5배 → b = 5

- 저녁 노을이 질 무렵 몇 마리가 숲으로 돌아갔는가?(c): 10마리 → c = 10

- 풀 속에 남아 있는 숨은 참새의 수는?(d): 20마리 → d = 20

위 변수들을 사용하면 (9.1)을 다음과 같이 정리할 수 있다.

$$(x + a) \times (b + 1) - c = d \qquad \text{(9.2)}$$

이를 x에 대해 정리하면 다음과 같다.

$$x = (c + d) / (b + 1) - a \qquad \text{(9.3)}$$

(9.3)에 변수의 값들을 모두 대입하면, 아래와 같이 계산되어 3마리라는 답이 구해진다.

$$x = (10 + 20) / (5 + 1) - 2 = 3 \qquad \text{(9.4)}$$

이번엔 파이썬 프로그램으로 작성해보자. 알고리즘 설계 단계에서 많이 활용되는 순서도로 수식 (9.3)을 작성하면 다음과 같다.

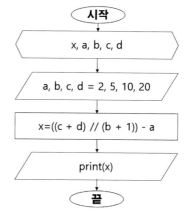

그림 9.3 '들판의 참새 떼' 문제의 해를 구하기 위한 순서도

순서도를 참고하여 코드로 작성해보자.

```
>>> a = 2; b = 5; c = 10; d = 20
>>> x = (c + d)//(b + 1) - a
>>> print(x)
3
```

위 코드에서 a, b, c, d 등 변수명이 변수가 담을 데이터의 의미를 반영하고 있지 않아 가독성이 떨어진다. 변수명을 적절히 짓고 주석 및 출력 문자열을 추가한다면 좀 더 질 높은 프로그램을 작성할 수 있다.

```
added = 2               # 추가된 참새 수
multiplyAdded = 5       # 추가로 날아온 참새들의 배수
goneBack = 10           # 이후에 돌아간 참새 수
remaining = 20          # 최종적으로 남아있는 참새 수
init = (goneBack + remaining)//(multiplyAdded + 1) - added
print('처음에 들판에서 놀고 있던 참새의 수: ',init,'마리')
```

```
= RESTART: C:/Python/test.py
처음에 들판에서 놀고 있던 참새의 수:  3 마리
```

1.2. 예제2: 수련

다음은 '들판의 참새 떼'와 마찬가지로 수학 교과서에 실려 있는 수학 시화 중 '수련'이라는 작품이다.

그림 9.4 '수련'

위 문제 또한 자료 수집, 자료 분석, 자료 표현, 알고리즘 설계 과정을 거쳐 파이썬 코드로 작성해보자.

```
마하데브, 휴리, 태양, 데비 = 1/3, 1/5, 1/6, 1/4
선생님 = 6
#(1-(마하데브+휴리+태양+데비))*x=선생님
x=round(선생님/(1-(마하데브+휴리+태양+데비)))
# round는 반올림 명령(0.999999... => 1)
print('수련은 모두',x,'송이입니다.')
```

수련은 모두 120 송이입니다.

1.3. 예제3: 불쌍한 파리

잡아먹힌 파리의 수를 묻는 다음과 같은 문제가
있다.

> 두꺼비가 파리 a마리를 잡아먹었다. 개구리는 두
> 꺼비의 반을 잡아먹었고, 잠자리는 개구리의 5분
> 의 1을 잡아먹었고, 암탉은 잠자리의 20배를 잡아
> 먹었다. 모두 몇 마리의 파리가 잡아먹혔는가?

두꺼비의 수를 x라고 두고 개구리, 잠자리, 암
탉이 잡아먹은 파리의 수를 구해보자.

그림 9.5 개구리와 파리

```
x = 50
두꺼비 = x
개구리 = 두꺼비//2
잠자리 = 개구리//5
암탉 = 잠자리*20
파리 = 두꺼비+개구리+잠자리+암탉
print('잡아먹힌 파리는 모두',파리,'마리 입니다.')
```

잡아먹힌 파리는 모두 180 마리 입니다.

1.4. 예제4: 용수철의 길이 구하기

다음은 용수철의 길이를 구하는 문제이다. 용수철이 늘어나는 길이는 무게에 비례한다는 훅의 법칙 (Hooke's law)까지 이용할 필요는 없다.

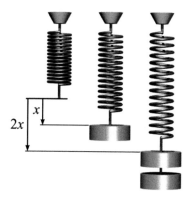

그림 9.6 추의 개수에 따른 용수철의 길이 변화

10g 짜리 추 n1개를 달았을 때, 용수철의 길이는 m1 cm
10g 짜리 추 n2개를 달았을 때, 용수철의 길이는 m2 cm
단, n1 < n2
n1, n2, m1, m2를 입력받아 추를 달지 않았을 때 용수철의 길이 구하기

01. 추 1개당 늘어나는 길이를 먼저 계산하자.

n2 > n1 이므로 (n2-n1) > 0 이다. 추 n2-n1개를 달면, m2-m1만큼 길어지므로, 추 1개당 늘어나는 용수철의 길이는 (m2-m1)/(n2-n1)이다.

02. 이제 용수철의 원래 길이를 계산하자.

원래 길이에서 n1개의 추를 달면 길이가 m1이 된다. 식으로 나타내면,

$$\text{원래 길이} + n1 \times \text{추 1개당 늘어나는 길이} = m1 \qquad \textbf{(9.5)}$$

와 같고, '원래 길이'에 대해 정리하면 다음 식과 같다.

$$원래 \ 길이 \ = m1 - n1 \times \frac{m2 - m1}{n2 - n1} \tag{9.6}$$

n1, n2, m1, m2를 input()을 통해 입력받고, 원래 길이를 (9.6)과 같이 계산하여 출력하는 프로그램을 작성하자.

```
n1 = int(input('n1:'))
m1 = int(input('m1:'))
n2 = int(input('n2:'))
m2 = int(input('m2:'))
원래길이 = m1 - n1*(m2-m1)/(n2-n1)
print('용수철의 원래 길이는',원래길이,'cm입니다.')
```

위 프로그램을 실행하고 n1, m1, n2, m2를 각각 1, 12, 3, 16으로 입력하면 용수철의 원래 길이가 구해진다.

```
n1:1
m1:12
n2:3
m2:16
용수철의 원래 길이는 10.0 cm입니다.
```

1.5. 예제5: 금화 나누기

파이썬 프로그램으로 다음 문제에 대한 해를 구해보자.

한 사람은 빵을 a개 가져오고 다른 사람은 b개를 가져왔다. 그 때 나그네 한 사람이 왔다. 그리고 세 사람은 빵을 똑같이 나누어 먹었다. 두 사람은 금화를 공정하게 나누어 가졌다. 그렇다면 a개의 빵을 가져온 사람과 b개의 빵을 가져온 사람은 각각 몇 개의 금화를 가졌을까? 금화는 조각내지 않고 나누어 가질 수 있었다.

그림 9.7 금화

한 사람이 가져온 빵의 개수는 a개이고 다른 사람이 가져온 빵의 개수는 b개이다. 빵(a+b)을 3사람이 똑같이 나누어 먹었으므로 각자 먹은 빵은 $\dfrac{a+b}{3}$개다. 공정하게 나누어 가졌다는 말이 애매하지만, 제공한 빵의 양만큼 금화를 나누어 가진 것이라면 금화 c개를 빵을 a개 가져온 사람이 제공한 빵과 빵을 b개 가져온 사람이 제공한 빵의 비율로 나누어야 한다. 비율을 계산하면,

한 사람이 제공한 빵의 개수 : 다른 사람이 제공한 빵의 개수

= 한 사람이 갖고 온 빵의 개수 − 먹은 빵의 개수 : 다른 사람이 갖고 온 빵의 개수 - 먹은 빵의 개수

$$= a - \frac{a+b}{3} : b - \frac{a+b}{3}$$

$$= 2a - b : 2b - a$$

와 같고, 각각의 사람이 가지는 금화는

$c \times \dfrac{2a-b}{a-b}, c \times \dfrac{2b-a}{a-b}$ 이다.

각각의 사람이 나눠 가지는 금화를 출력하는 프로그램을 작성하자. 그리고 실행하여 a, b, c를 각각 5, 3, 8로 입력해보자.

```python
a = int(input('a:'))      # 한 사람이 가져온 빵의 개수
b = int(input('b:'))      # 다른 사람이 가져온 빵의 개수
c = int(input('c:'))      # 나그네가 준 금화의 개수
print('한 사람이 가지는 금화는',c*(2*a-b)/(a-b),'개')
print('다른 사람이 가지는 금화는',c*(2*b-a)/(a-b),'개')
```

실행 결과는 다음과 같다.

```
a:5
b:3
c:8
한 사람이 가지는 금화는 28 개
다른 사람이 가지는 금화는 4 개
```

2. 분해(decomposition)

컴퓨팅 사고의 핵심요소 중 하나인 분해는 복잡한 문제를 쪼개서 해결 가능한 크기의 간결한 작은 문제들의 집합으로 바꾸는 기술이다. 문제 해결을 위해 데이터뿐만 아니라 절차도 세분화하는 작업을 뜻한다. 일 상생활 속 혹은 지금까지의 학습 내용 중에서 분해의 예를 찾아 볼 수 있다.

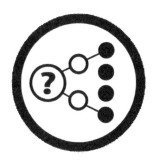

그림 9.8 분해

- 로봇청소기가 집 전체 청소 작업을 각 방별로 나누어 청소하는 작업으로 쪼개서 수행

- 집에서 학교까지 등교하는 문제를 집에서 버스정류장까지 가는 문제와 버스정류장에서 학교까지 가는 문제로 나누어 생각 하는 경우

- 4장의 연습문제로 주어졌던 마을 그리기 문제를 여러 개의 집 그리기 문제로 나누고, 집 그리기 문제는 지붕 그리기와 몸 체 그리기 문제로, 몸체 그리기 문제는 다시 창문 그리기, 문 그리기, 벽 그리기 등의 문제로 나누어 프로그래밍

예제: 컴퓨터 조립 비용 계산하기

컴퓨터를 구매할 때 각각의 부품을 따로 구매하고 조립하여 사용하는 것이 비교적 저렴하다. 이 경우, 컴퓨터를 구매하는 문제를 각각의 부품을 구매하는 작은 문제로 나누어 해결한다.

- 전체 가격을 0으로 설정한다.

- CPU를 고르고 그 가격을 전체 가격에 반영한다.(입력 인자 예: 코어 수, 클럭 수, 제조사 등)

- 메인보드를 고르고 그 가격을 전체 가격에 반영한다.(입력 인자 예: 제조사, CPU칩셋 호환성 등)

- 메모리를 고르고 그 가격을 전체 가격에 반영한다.(입력 인자 예: 용량, 개수 등)

- 하드디스크를 고르고 그 가격을 전체 가격에 반영한다.(입력 인자 예: 제조사, 종류, 용량, 개수 등)

- 모니터를 고르고 그 가격을 전체 가격에 반영한다.(입력 인자 예: 크기, 제조사 등)

- 전체 가격을 출력한다.

프로그램 소스코드와 실행 결과는 다음과 같다. 컴퓨터 가격(overall_cost)은 각각의 부품 가격 계산 함수들(cpu_cost(), mainboard_cost(), memory_cost(), harddisk_cost(), monitor_cost())을 호 출하여 계산된다.

```python
def cpu_cost():
    print('1: intel i7, 2: intel i5, 3: AMD Ryzen 7, 4: AMD Ryzen 5')
    while True:
        cpu = int(input('CPU 선택(1~4): '))
        if cpu == 1:
            return 406400
        elif cpu == 2:
            return 180400
        elif cpu == 3:
            return 373200
        elif cpu == 4:
            return 171300


def mainboard_cost():
    print('1: ASUS PRIME B365M-A, 2: MSI H310M PRO-VD PLUSE, 3: GIGABYTE B365M DS3H')
    while True:
        mainboard = int(input('메인보드 선택(1~3): '))
        if mainboard == 1:
            return 91000
        elif mainboard == 2:
            return 63900
        elif mainboard == 3:
            return 83400


def memory_cost():
    print('1: 16G, 2: 8G')
    while True:
        memory = int(input('메모리 종류 선택(1~2): '))
        if memory == 1:
            return 59000
        elif memory == 2:
            return 28700


def harddisk_cost():
    print('1: 4TB, 2: 2TB, 3: 1TB')
    while True:
        harddisk = int(input('하드디스크 종류 선택(1~3): '))
        if harddisk == 1:
            return 108900
        elif harddisk == 2:
            return 62900
        elif harddisk == 3:
```

```python
        return 46400

def monitor_cost():
    print('1: Samsung 28 inch, 2: Samsung 24 inch, 3: LG 28 inch, 4: LG 24 inch')
    while True:
        monitor = int(input('모니터 종류 선택(1~4): '))
        if monitor == 1:
            return 350000
        elif monitor == 2:
            return 200000
        elif monitor == 3:
            return 340000
        elif monitor == 4:
            return 210000


overall_cost = 0                    # 전체 가격 초기화
overall_cost = cpu_cost() + \
            mainboard_cost() + \
            memory_cost() + \
            harddisk_cost() + \
            monitor_cost()
print('총',overall_cost,'원')        # 전체 가격 출력
```

※ 코드 한 줄을 여러 문장으로 나누어 입력할 경우엔 끝에 역슬래시(\)를 넣어주면 된다.


```
1: intel i7, 2: intel i5, 3: AMD Ryzen 7, 4: AMD Ryzen 5
CPU 선택(1~4): 3
1: ASUS PRIME B365M-A, 2: MSI H310M PRO-VD PLUSE, 3: GIGABYTE B365M DS3H
메인보드 선택(1~3): 2
1: 16G, 2: 8G
메모리 종류 선택(1~2): 1
1: 4TB, 2: 2TB, 3: 1TB
하드디스크 종류 선택(1~3): 2
1: Samsung 28 inch, 2: Samsung 24 inch, 3: LG 28 inch, 4: LG 24 inch
모니터 종류 선택(1~4): 2
총 759000 원
```

01. 다음의 용돈 나누기 문제를 해결하는 프로그램을 작성하시오.

동네의 어려운 아이들에게 매주 조금씩 용돈을 나눠주는 것을 즐기는 마음씨 좋은 할아버지가 계셨다. 하루는 이 할아버지가 "다음 주에 네 명이 더 오게 된다면 용돈을 a 원씩 덜 줄 수밖에 없겠구나."라고 말씀하셨다. 그랬더니 다음 주에는 더 어려운 친구들에게 용돈을 주라며 그 지난주보다 다섯 명이 덜 오게 되었다. 그래서 모인 아이들은 b 원씩을 더 받아가게 되었다. 이 때 한 명이 받아간 돈은 얼마인가? 단, 할아버지가 매주 아이들에게 나누어주는 용돈의 총합은 같다.

- $a = 1000$, $b = 2000$일 때 정답은 얼마인가?

01. 팀 프로젝트의 최종 주제 선정 및 역할 분담하기

- 공감하기, 정의하기, 아이디어 떠올리기 단계를 통해 도출된 다수 개의 아이디어 중 최종 아이디어를 선정한다.
- 다음 단계인 프로토타이핑을 준비한다(문제 정의하기, 문제 분해하기, 팀원별 역할 분담하기).

추상화와
패턴 인식

1. 추상화(abstraction)

그림 10.1 추상화

주어진 자료에서 불필요한 세부 사항(특징)을 제거(필터링)하고 일반화하는 것을 추상화라고 한다. 추상화는 단순화와 일반화로 이루어진다.

- 단순화: 주어진 문제를 해결하는데 필요 없는 부분들을 제거하고, 꼭 필요한 부분을 분리하여 집중한다.

- 일반화: 핵심적인 요소를 도출한 다음, 공통적인 특성을 추려내서 일반적인 개념을 형성한다.

다음과 같은 문제가 주어졌다고 가정하자.

> 정원에는 나비와 벌이 꿀을 찾아 여행을 다닌다.
>
> 참새 소리가 들리고, 학과 거북이도 보인다.
>
> 학의 다리는 2개, 거북이의 다리는 4개이다.
>
> 정원에 학과 거북이가 35마리 있고, 다리 수를 세어보니 모두 94개이다.
>
> 학과 거북이는 각각 몇 마리가 있는가?

먼저, 문제를 해결하는데 불필요한 부분들을 제거하는 단순화 작업을 수행한다.

> ~~정원에는 나비와 벌이 꿀을 찾아 여행을 다닌다.~~
>
> ~~참새 소리가 들리고,~~ 학과 거북이도 보인다.
>
> 학의 다리는 2개, 거북이의 다리는 4개이다.
>
> 정원에 학과 거북이가 35마리 있고, 다리 수를 세어보니 모두 94개이다.
>
> 학과 거북이는 각각 몇 마리가 있는가?

이후, 핵심요소를 도출하고 일반화시켜보자.

정원에는 나비와 벌이 꿀을 찾아 여행을 다닌다.

참새 소리가 들리고, 학과 거북이도 보인다.

학의 다리는 2개, 거북이의 다리는 4개이다.

정원에 학과 거북이가 35마리 있고, 다리 수를 세어보니 모두 94개이다.

학과 거북이는 각각 몇 마리가 있는가?

학과 거북이의 총 마릿수와 총 다리 수에 대한 수식이 도출된다.

    총 마릿수에 대한 수식: 학 + 거북이 = 35

    총 다리 수: 학 × 2 + 거북이 × 4 = 94

또한 추상화는 데이터 추상화와 절차 추상화로 분류할 수 있는데 데이터 추상화는 실제 데이터를 프로그램에서 활용 가능한 데이터 형식으로 정의하여 추상화하는 것을 의미한다. 예를 들어, 실제 무게(gram)를 정수로 표현하고, 가위바위보 게임에서 가위를 1, 바위를 2, 보를 3이라는 숫자로 사용하는 것 등이 이에 해당한다. 절차 추상화는 여러 개의 작업 절차들을 묶어서 큰 절차로 표현하는 것으로 함수화와 비슷한 개념이다. 예를 들어, 식탁 닦기, 수저 세팅하기, 반찬 꺼내기 등의 행위를 묶어 식사 준비라고 하는 것도 일종의 절차 추상화라고 할 수 있다.

1.1. 예제1: 공 낙하 궤적 시뮬레이션

공중에서 공을 던지거나 놓으면 중력에 의해 떨어진다. 이러한 공의 속력, 중력 가속도, 반발계수 등의 물리 법칙이 적용되는 자연현상을 추상화하여 공의 궤적을 그리는 시뮬레이션 프로그램을 작성해보자.

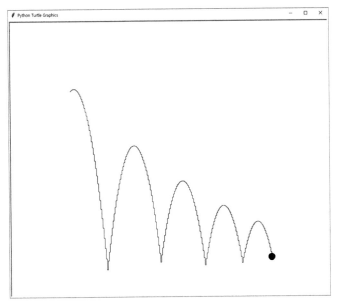

그림 10.2 공 낙하 궤적 시뮬레이션 프로그램 실행 모습

주어진 문제 조건에 따라 다음과 같은 추상화를 수행하고, 이를 이용하여 프로그래밍한다.

- 공을 놓는 위치(좌표) –〉 start_x, start_y

- 공의 초기 속력(x축 속력과 y축 속력) –〉 xvel, yvel

- 바닥점 y좌표 –〉 floor

  ※ 바닥점 y좌표(floor)보다 작은 수의 y좌표 지점은 땅 속이라고 인지한다.

- 총 시뮬레이션 시간 –〉 overall_time

- 반발계수(바닥에 튕긴 전후의 속력 비) –〉 restitution_coefficient

```
import turtle
win = turtle.Screen()
ball = turtle.Turtle('circle')
ball.penup()


xvel = 3          # x축 방향 속력
yvel = 3          # y축 방향 속력
start_x = -300    # 시작점 x좌표
start_y = 200     # 시작점 y좌표
floor = -300      # 바닥 y좌표
overall_time = 200              # 시뮬레이션 시간
restitution_coefficient = 0.8   # 반발계수


ball.goto(start_x, start_y)     # 시작위치로 이동
ball.down()


time = 0         # 시뮬레이션 시간 초기화
while time < overall_time:                        # 시뮬레이션 시간동안 반복
    if ball.ycor() < floor and yvel < 0:          # 바닥을 만났고, 내려가는 속력이라면
        yvel = yvel * -restitution_coefficient    # y축 방향 속력 반전
    ball.setx(ball.xcor()+xvel)    # x축 방향 속력 위치에 반영
    ball.sety(ball.ycor()+yvel)    # y축 방향 속력 위치에 반영
    yvel = yvel - 1        # (중력에 의해) y축 방향 속력 감소
    time = time + 1        # 시간 증가
```

1.2. 예제2: 공 맞추기 게임

이번에는 공을 발사하여 원하는 지점을 맞추는 게임 프로그램을 작성해보자. 이를 위한 추상화는 다음과 같이 수행한다.

- 발사 각도 -〉 fire_angle

- 발사 속력 -〉 vel

- x축 방향 속력, y축 방향 속력 -〉 vx, vy

- 현재 위치와 각도 -〉 x, y, angle

- 발사 각도 조절 함수 -〉 turnLeft(), turnRight()

- 발사 함수 -〉 fire()

키보드 입력을 통해 발사 각도를 조정하여 발사한 후, 궤적을 그리도록 프로그래밍한다.

```
def turnLeft():      # CCW로 발사각도 회전
    player.left(fire_angle)


def turnRight():     # CW로 발사각도 회전
    player.right(fire_angle)


def fire():          # 발사
    x = player.xcor()                  # 현재 x좌표 읽기
    y = player.ycor()                  # 현재 y좌표 읽기
    angle = player.heading()           # 현재 발사 각도 읽기
    # 현재 발사 각도를 radian단위로 변환하고, x축 속력 계산
    vx = vel * math.cos(math.radians(angle))
    # 현재 발사 각도를 radian단위로 변환하고, y축 속력 계산
    vy = vel * math.sin(math.radians(angle))
    while player.ycor() >= 0:          # 바닥(y좌표가 0)을 만나기 전까지는
        vy = vy - 10                   # y축 속력은 중력가속도에 의해 감소
        x = x+vx                       # x축 속력(vx)값을 이용하여 x축 좌표 업데이트
        y = y+vy                       # y축 속력(vy)값을 이용하여 y축 좌표 업데이트
        player.goto(x,y)               # 업데이트된 좌표로 이동


import math      # 삼각함수(cos, sin) 이용을 위해 math 모듈 불러오기
import turtle
win = turtle.Screen()
player = turtle.Turtle('turtle')


fire_angle = 5  # 발사 각도 조절 크기
vel = 80        # 발사 속력


win.onkeypress(turnLeft, "Left")            # 왼쪽 화살표키 누르면 발사 각도 CCW회전
win.onkeypress(turnRight, "Right")          # 오른쪽 화살표키 누르면 발사 각도 CW회전
```

```
win.onkeypress(fire, "space")            # 스페이스키 누르면 발사

# x,y좌표축 그리기
player.goto(300,0)
player.goto(-300,0)
player.goto(-300,300)
player.goto(-300,0)

win.listen()                             # 키보드 입력 감시 활성화
```

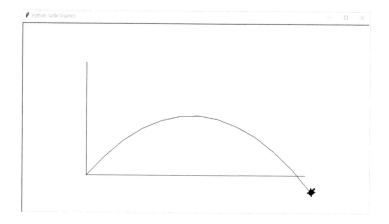

위 프로그램을 실행하면 거북이가 좌표축을 그린 후 출발지점에서 대기한다. 왼쪽 및 오른쪽 화살표 키로 각도를 조절하고 스페이스바로 발사를 하면 거북이가 이동하면서 궤적을 그리게 된다. 추가로 목표지점을 그리고 맞추는 경우 점수를 증가시키거나, 여러 개의 거북이를 그려서 서로 맞추는 게임으로 발전시킬 수 있을 것이다.

2. 재귀 함수(Recursive Function)

그림 10.3 재귀적 구조

재귀(recursion)는 주어진 문제를 해결하기 위해 하나의 함수에서 자신을 다시 호출하여 작업을 수행하는 방식이다. 이처럼 자기 자신을 다시 호출하는 것을 재귀 호출 혹은 순환 호출(recursive call)이라고 한다. 자기 자신을 호출하는 재귀 함수는 다음과 같은 특징을 가진다.

- 복잡한 알고리즘을 간결하게 표현할 수 있다(코드가 짧아진다).

- 높은 가독성을 가진 코드를 작성할 수 있다.

- 반복문으로 작성하는 것보다 성능 면에서 불리하다.

재귀 함수의 입력 인자는 자기 자신을 호출할 때 전달하는 입력 인자와 다르다. 예를 들어, func(4)가 func(3)을 호출하는 것처럼 func()이 func()을 호출하지만 입력 인자는 달라진다. 그리고 계속하여 자기 자신을 호출하게 되면 무한 호출이 되므로, 항상 종료 조건을 체크하여 만족하는 경우 반환(return)해야 한다. 즉, return문이 꼭 필요하다.

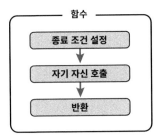

그림 10.4 재귀 함수의 형태

재귀적 구조를 가지는 대표적인 예 중 하나인 '시에르핀스키 삼각형(Sierpinski Triangle)'은 다음과 같이 만들어진다.

1. 정삼각형 하나에서 시작한다.
2. 정삼각형의 세변의 중점을 이으면 원래의 정삼각형 안에 작은 정삼각형이 만들어지는데 이를 제거한다.
3. 남은 정삼각형에 대해서도 2과정을 실행한다.
4. 3과정을 무한히 반복한다.

그림 10.5 시에르핀스키 삼각형

2.1. 팩토리얼(factorial)

재귀적 함수 학습 시 예제로 가장 널리 쓰이는 팩토리얼의 수학적 정의는 다음과 같다.

$$n! = \begin{cases} 1 & if\ n = 0, \\ n \times (n-1)! & if\ n \geq 1. \end{cases}$$

이를 이용한 팩토리얼 함수 정의 시 입력 인자는 n이 된다. 재귀 함수는 종료 조건을 설정하는 부분과 자기 자신을 호출하는 부분으로 구성되는데, 팩토리얼 함수의 종료 조건은 n이 0일 때이다. 그리고 n이 0이 아닐 때는 n−1을 입력 인자로 하는 자기 자신을 호출하고 그 반환 값에 n을 곱하면 된다.

```
def factorial(n):
    if n==0:                    # 1. 종료 조건 설정
        return 1
    else:
        return n*factorial(n-1)    # 2. 자기 자신 호출

print(factorial(3))            # 확인
```

```
6
```

2.2. 등차수열

점화식으로 나타낼 수 있는 수열은 재귀 함수로 구현하기에 매우 적절하다. 초기 값을 종료 조건으로 하고, 점화식으로 자기 자신을 호출한다. 수열 문제가 아니더라도 주어진 문제의 해를 점화식 형태로 나타내기 위해 노력하고, 이를 재귀 함수로 구현하게 되면 코드가 간결해질 것이다. 가장 단순한 수열인 등차수열을 예제로 하여 재귀 함수를 작성해보자.

- 1, 4, 7, 10, 13, 16, 19, … –> 첫째 항이 1이고, 공차가 3인 등차수열

- 초기 값과 점화식

  $a_0 = 1,$
  $a_k = a_{k-1} + 3$

초기 값을 종료 조건으로 삽입하고 점화식을 이용하여 재귀 호출을 하는 재귀 함수를 작성한다.

```
def sequence(n):
    if n == 0:                  # 종료 조건
        return 1
```

```
    else:
        return sequence(n-1)+3      # 재귀 호출

print(sequence(5))                  # 5번째 항 확인
```

13

2.3. 피보나치(Fibonacci) 수열

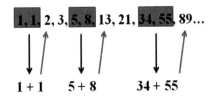

그림 10.6 피보나치 수열

피보나치 수열은 이전 2개 항의 합을 다음 항으로 하는 수열로 다음과 같은 초기 값과 점화식을 가진다.

$$F_n = \begin{cases} 0 & if\ n = 0, \\ 1 & if\ n = 1, \\ F_{n-1} + F_{n-2} & if\ n > 1. \end{cases}$$

해바라기 나선의 수, 파인애플 껍질의 배열 등 자연 속에서도 피보나치 수열을 볼 수 있다. 특히 (꽃)잎의 수는 햇빛을 최대한 효율적으로 받고 사용하기 위한 최적의 조건이라고 한다. 네잎클로버를 찾아보기 힘든 이유도 이와 같다.

그림 10.7 자연 속에서 찾아볼 수 있는 피보나치 수열

다른 수열과 마찬가지로 초기 값을 종료 조건(n이 0일 때, n이 1일 때)으로 삽입하고, 점화식으로 재귀 호출하는 재귀 함수를 구현하자.

```
def fibonacci(n):
    if n == 0:      # 종료 조건1
        return 0
    elif n == 1:    # 종료 조건2
        return 1
    else:
        return fibonacci(n-1)+fibonacci(n-2) # 재귀 호출

print(fibonacci(5)) # 확인
```

5

3. 패턴 인식(Pattern Recognition)

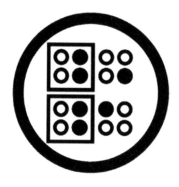

그림 10.8 패턴 인식

패턴이란 해결해야 할 문제나, 문제에 주어진 데이터 집합에서 공통적으로 나타나는 유사성이나 특징을 의미한다. 문제 분해 작업을 통해 분해된 작은 문제 사이에서 패턴을 찾는다. 결국은 규칙성을 찾아서 문제를 해결하기 위함이다. 패턴이 인식되면 이를 반복 구조나 함수로 구현 가능하다.

다음 그림에서 패턴을 찾아보자.

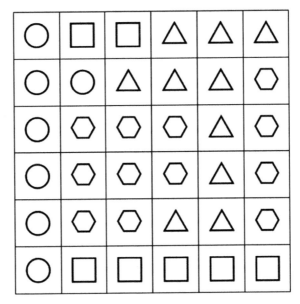

그림 10.9 패턴을 가지는 무늬

3.1. 예제: 두더지 게임

거북이를 랜덤 위치에 생성하는 동작을 반복하고, 거북이를 마우스 클릭하면 점수를 추가하는 두더지 게임을 만들어 보자. 단, 게임은 1분 동안만 실행되도록 한다.

우선 거북이를 랜덤 위치에 계속하여 생성하는 코드는 다음과 같다.

```
import random
import turtle
win = turtle.Screen()
win.setup(700,700)
t = turtle.Turtle('turtle')
t.penup()

x = random.randint(-300,300)
y = random.randint(-300,300)
t.goto(x,y)

x = random.randint(-300,300)
y = random.randint(-300,300)
t.goto(x,y)

x = random.randint(-300,300)
```

```
    y = random.randint(-300,300)
    t.goto(x,y)

    ...
```

여기서 인식된 패턴을 show()라는 함수를 만들어 함수화하고, 거북이를 클릭하면 호출될 수 있도록 마우스 클릭 이벤트 핸들러로 등록한다.

```
def show(x,y):            # 랜덤 위치로 거북이 이동시키는 함수
    t.hideturtle()        # 거북이 숨기기
    x = random.randint(-300,300)
    y = random.randint(-300,300)
    t.goto(x,y)           # 랜덤 위치로 이동 후,
    t.showturtle()        # 거북이 보이기


import random
import turtle
win = turtle.Screen()
win.setup(700,700)
t = turtle.Turtle('turtle')
t.penup()
t.onclick(show)           # 거북이 클릭 시 show 함수 호출
```

이제 점수 기능을 추가해보자. 1분이라는 시간을 체크하는 checkMinute()라는 함수를 만들고, 기존 코드와 함께 수행될 수 있도록 이를 쓰레드로 실행한다.

```
def checkMinute():        # 1분 시간 체크
    global time
    time = time + 1       # 시간 1초 증가
    timer.clear()         # 이전 타이머 시간 지우고,
    # 현재 타이머 시간 표시
    timer.write('경과시간: '+str(time)+'초')
    # 1초 후 countMinute 함수를 호출하는 쓰레드 생성
    thread = threading.Timer(1, checkMinute)
    if time < 60:         # 1분 지나면 타이머 및 카운팅 중지
        thread.start()    # 쓰레드 시작


timer = turtle.Turtle()   # 타이머 출력을 위한 거북이 객체
timer.penup()
timer.goto(100,200)       # 타이머 표시 위치로 이동
import threading          # thread 생성을 위한 모듈 불러오기
```

```
time = 0                    # 1분 체크를 위한 시간 변수 초기화
# 1분 시간 체크 쓰레드 생성
thread = threading.Thread(target=checkMinute)
thread.start()              # 쓰레드 시작

win.mainloop()              # 프로그램 종료 방지
```

threading 모듈의 Timer()를 이용하여 매 1초마다 checkMinute() 함수가 등록된 쓰레드가 실행될 수 있도록 한다. 1초 마다 실행되는 checkMinute()에서 시간을 저장하는 time 변수를 1증가시키고, 현재 time변수도 write()를 이용하여 화면에 뿌려준다.

1분 동안 잡은 두더지를 카운트하고, 타이머 시간과 함께 뿌려주기 위해 count변수를 추가한 최종 코드는 다음과 같다.

```
def show(x,y):              # 랜덤 위치로 거북이 이동시키는 함수
    global count
    count = count + 1       # 두더지 잡은 횟수 1 증가
    t.hideturtle()          # 거북이 숨기기
    x = random.randint(-300,300)
    y = random.randint(-300,300)
    t.goto(x,y)             # 랜덤 위치로 이동 후,
    t.showturtle()          # 거북이 보이기


import random
import turtle
win = turtle.Screen()
win.setup(700,700)
t = turtle.Turtle('turtle')
t.penup()
t.onclick(show)            # 거북이 클릭 시 show 함수 호출

def checkMinute():         # 1분 시간 체크
    global time
    time = time + 1        # 시간 1초 증가
    timer.clear()          # 이전 타이머 시간 지우고,
    # 현재 타이머 시간 표시
    timer.write('경과시간: '+str(time)+'초'+', 잡은 개수:'+str(count))
    # 1초 후 countMinute함수 호출하는 쓰레드 생성
    thread = threading.Timer(1, checkMinute)
    if time < 60:          # 1분 지나면 타이머 및 카운팅 중지
        thread.start()     # 쓰레드 시작
```

```
timer = turtle.Turtle()      # 타이머 출력을 위한 거북이 객체
timer.penup()
timer.goto(100,200)          # 타이머 표시 위치로 이동
import threading             # thread 생성을 위한 모듈 불러오기
time = 0                     # 1분 체크를 위한 시간 변수 초기화
count = 0                    # 두더지 잡은 횟수 초기화
# 1분 시간 체크 쓰레드 생성
thread = threading.Thread(target=checkMinute)
thread.start()               # 쓰레드 시작

win.mainloop()               # 프로그램 종료 방지
```

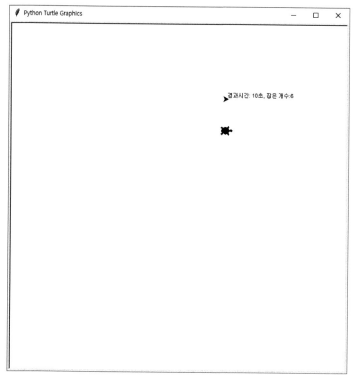

그림 10.10 두더지 게임 실행 화면

4. 자주 쓰이는 파이썬 모듈

파이썬의 가장 큰 장점 중 하나는 커뮤니티가 활성화되어 있어 거북이 그래픽 모듈을 비롯하여 사용할 수 있는 라이브러리가 매우 많다는 것이다. 자주 쓰이는 파이썬 패키지를 몇 가지 소개한다.

4.1. requests

가장 유명한 http 라이브러리로 웹 자원, 즉 웹에서 볼 수 있는 데이터를 요청할 수 있다.

예) `data = requests.get('https://www.abc.com')`

4.2. scrapy

웹에서 자료를 모을 때 사용하는 라이브러리(화면 스크랩, 웹 크롤링 등)로 크롤러(crawler)를 구현할 때 많이 사용된다. 크롤러는 웹을 돌아다니며 유용한 정보를 찾아 특정 데이터베이스로 수집해오는 프로그램이다. 예를 들어, 구글의 크롤링 봇은 일정 시간 간격으로 전 세계의 웹을 돌아다니며 데이터를 모아 구글 서버로 옮기는 작업을 수행한다.

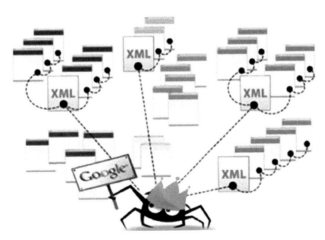

그림 10.11 구글의 크롤링 봇

4.3. Pillow

손쉬운 영상처리 라이브러리로 이미지 파일 형태(png, gif, jpg 등) 변환, 크기 조정, 자르기, 색상 변경 등의 기능을 제공한다.

그림 10.12 Pillow를 이용한 이미지 가공

4.4 pygame[25]

게임 제작을 위한 프레임워크, 즉 라이브러리들이다.

그림 10.13 게임 제작을 위한 pygame

pygame을 이용한 게임 프로그램은 일반적으로 다음과 같은 구조를 지닌다.

1. pygame 모듈 불러오기(import pygame)

2. pygame 초기화(pygame.init())

3. 각종 변수 선언

4. 메인 루프

   - 이벤트 설정(pygame.event.xxx)

   - 화면 설정(pygame.display.xxx)

   - 게임 수행 명령

---

25 https://www.pygame.org/

4.5. NumPy

그림 10.14 대표적인 수학 및 과학 관련 패키지인 NumPy

통계, 선형대수, 행렬 계산 등 과학 계산과 수학 작업에 많이 사용되는 라이브러리이다. 다차원 배열을
효과적으로 처리할 수 있도록 도와주는 도구이다.

4.6. SciPy

그림 10.15 SciPy 패키지

NumPy와 마찬가지로 과학 및 수학 관련 기능을 제공한다.

01. 두더지 게임에 다음과 같은 기능을 추가하여 완성도를 더 높여보자.

- 두더지 이미지를 거북이 모양으로 설정한다.

- 두더지 모션(두더지를 잡았을 때)을 추가한다.

- 파일 쓰기를 통해 순위표(leader board)를 생성하고 게임 종료 시 업데이트한다.

01. 팀 프로젝트의 최종 주제 구현하기

- 분담된 역할에 따라 구현한다.

- 문제 분해 및 함수화한다.

학습목표

- 컴퓨팅 사고의 핵심요소인 알고리즘에 대해 이해한다.
- 알고리즘 설계 단계에서 작성하는 의사코드와 순서도 작성방법에 대해 학습한다.
- 알고리즘을 분석하는 이유를 알고, 이를 통해 알고리즘의 중요성을 인지한다.
- 정렬과 탐색 알고리즘의 원리를 이해하고 구현한다.

1. 알고리즘 개요

그림 11.1 알고리즘 텍스트 마이닝

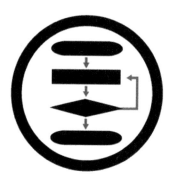

그림 11.2 알고리즘

알고리즘은 데이터와 절차를 처리하는 최적화된 규칙이다. 또한 문제를 다른 사람이나 컴퓨터를 이용하여 해결할 수 있도록 세분화된 과정을 작성하는 것이다. 문제해결 과정을 작성하는 것은 그 작업을 실제 행하는 사람 또는 컴퓨터가 이해할 수 있는 수준으로 설명되어야 한다. 문제해결에 필요한 절차 및 데이터 처리 단계를 분해한다는 면에서 문제 분해와 비슷하지만, 문제를 효과적으로 해결한다는 목표와 기준을 가진다는 점에서 차별화된다.

2. 의사코드(pseudo code)

문제해결을 위한 알고리즘을 설계할 때 의사코드와 순서도(flow chart)를 작성한다. 의사코드는 프로그램 동작 시 컴퓨터가 수행하는 논리적인 단계(알고리즘)를 일반적인 사람의 언어를 흉내 내어 나타낸 코드이다. 프로그래밍 문법(syntax)을 따를 필요가 전혀 없다. 세 수를 입력받아 평균을 구한 후, 이를 출력하는 프로그램에 대한 의사코드를 작성하면 다음과 같다.

Algorithm : Average

1. 세 수를 입력 받아 a, b, c에 저장
2. sum 변수를 0으로 초기화
3. 세 수의 합을 sum에 저장
4. sum을 3으로 나눈 값을 avg 변수에 저장
5. avg 출력

의사코드 작성 시 정해진 문법은 없지만 널리 사용되는 표현 방법은 존재한다. 예를 들어, 변수에 값을 대입할 때는 화살표를 쓰고 입력받을 때는 'get'을 사용한다. 이를 이용하여 좀 더 간략화 된 의사코드를 작성할 수 있다.

Algorithm : Average

1. get a, b, c
2. sum ← 0
3. sum ← a+b+c
4. avg ← sum / 3
5. print avg

3. 순서도

한편, 순서도 또한 알고리즘 설계 단계에서 작성된다. 알고리즘 내 논리적인 단계들을 도형 그림으로 표현하고, 실행 순서에 따라 논리적인 흐름을 나타내는 도구로서 명령문들의 연관 관계를 시각적으로 보여준다.

표 11.1 순서도의 주요 기호

기호	의미
→	화살표는 알고리즘이 진행하는 방향을 나타낸다.
	프로그램 수행의 시작(start)과 끝(end)을 나타낸다.
	연산을 포함한 처리(process)를 나타낸다.
	판단(decision)을 나타낸다.
	입력(input)이나 출력(output)을 나타낸다.

반복문을 이용하여 1부터 10까지의 합을 구하는 프로그램을 설계하기 위한 순서도를 작성해보자.

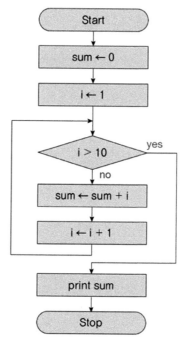

그림 11.3 1부터 10까지의 합을 구하는 프로그램의 순서도

위 순서도를 기반으로 한 코드를 작성해보자. 잘 작성된 순서도는 프로그램 작성이 용이하다.

```
sum = 0
i = 1
```

```
while i<=10:
    sum = sum + i
    i = i + 1
print(sum)
```

55

5장에서 설명한 3가지 제어구조인 순차 구조, 선택 구조, 반복 구조에 해당하는 순서도 예시가 다음 그림에 제시되어 있다.

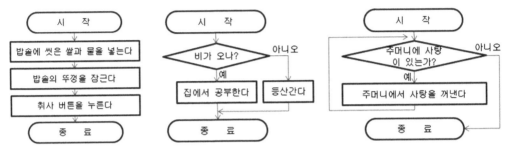

그림 11.4 순차 구조, 선택 구조, 반복 구조에 해당하는 순서도

이처럼 다양한 형태와 구조를 가지는 모든 프로그램에 대해서 순서도 작성이 가능하다. 설계 단계에서 의사코드와 순서도를 얼마나 잘 작성하느냐에 따라 구현된 소스코드의 질이 결정된다.

4. 알고리즘 설계 및 구현

몇 가지 추가적인 예제를 통해 알고리즘 설계(의사코드) 및 구현 작업을 연습해보자.

0부터 양수 입력 값까지의 홀수를 출력하는 프로그램

의사코드를 작성한다.

1. num에 0을 저장

2. 키보드로 양수를 입력 받아 N에 저장

3. num 1 증가

4. num이 N보다 크면 프로그램 종료

5. num 나누기 2의 몫이 1이면 num 출력

6. 그렇지 않다면, 3으로 이동

간략화된 의사코드를 작성한다.

1. num ← 0

2. get N

3. num ← num + 1

4. if num > N, then exit

5. if num % 2, then print num

6. else, goto step 3

의사코드를 기반으로 코드를 작성한다.

```
num = 0
N = int(input())
while True:
    num = num + 1
    if num > N:
        break
    if num % 2 == 1:
        print(num)
```

프로그램을 실행하고 임의의 양수를 입력하여 결과를 확인한다.

```
10
1
3
5
7
9
```

1부터 양수 입력 값까지의 합을 출력하는 프로그램

의사코드를 작성한다.

1. num에 0을 저장

2. sum에 0을 저장

3. 키보드로 양수를 입력 받아 N에 저장

4. num 1 증가

5. num이 N보다 크면 프로그램 종료

6. sum에 num을 더하기

7. **4**로 이동

8. sum 출력

간략화된 의사코드를 작성한다.

1. num ← 0

2. sum ← 0

3. get N

4. num ← num + 1

5. if num > N, then exit

6. sum ← sum + num

7. goto step 4

8. print sum

의사코드를 이용하여 코드를 작성한다.

```
num = 0
sum = 0
N = int(input())
while True:
    num = num + 1
    if num > N:
        break
    sum = sum + num
print(sum)
```

반복 횟수가 입력 값에 의해 정해지는 반복문이므로 for문이 더 적절하다.

```
num = 0
sum = 0
N = int(input())
for i in range(1,N+1):
    sum = sum + i
print(sum)
```

프로그램의 실행 결과를 확인한다.

```
10
55
```

주어진 리스트 내 최댓값을 출력하는 프로그램

리스트의 많은 항목들의 값들을 서로 비교하여 가장 큰 값을 찾아내는 알고리즘이 필요하다. 이에 대한 의사코드를 작성하자. 우선, 최댓값이 저장될 변수인 max를 0 혹은 리스트의 첫 번째 항목으로 초기화 하고, max 값과 리스트 내 항목들을 하나씩 비교하여 max 값을 업데이트한다. 모든 항목과 비교가 끝 나면 max 변수에는 항목들 중 최댓값이 들어가 있을 것이다.

1. max에 0을 저장

   ※ max에 0 대신 리스트의 첫 번째 항목(list[0])을 넣어도 된다.

2. 리스트에서 항목을 하나 꺼내어 i에 저장

3. i가 max보다 크면 max에 i 저장

4. **2**로 이동

5. max 출력(print max)

의사코드를 좀 더 간략화 하자.

1. max ← 0 ※ or max ← list[0]

2. for each i in list

3.   if i > max, then max ← i

4. print max

의사코드를 이용하여 소스코드를 작성한다.

```
temp = [3,5,1,9,2,13,4,7,11]
max = 0
for i in temp:
    if i > max:
        max = i
print(max)
```

위 프로그램의 실행 결과이다.

주어진 리스트 내 최솟값을 출력하는 프로그램

리스트의 많은 항목들의 값들을 서로 비교하여 가장 작은 값을 찾아내야 한다. 우선, 최솟값이 저장될 변수인 min을 리스트의 첫 번째 항목 혹은 시스템에서 표현할 수 있는 가장 큰 수로 초기화하고, min 값과 리스트 내 항목들을 하나씩 비교하여 min 값을 업데이트한다. 모든 항목과 비교가 끝나면 min 변수에는 항목들 중 최솟값이 들어가 있을 것이다. 이와 같은 과정을 의사코드로 작성한다.

1. min에 list[0]를 저장
   ※ list[0] 대신 시스템에서 표현할 수 있는 수 중 가장 큰 수(sys모듈 내 maxsize)를 넣어도 된다.

2. 리스트에서 숫자 하나 꺼내어 i에 저장

3. i가 min보다 작으면 min에 i 저장

4. **2**로 이동

5. min 출력

의사코드를 간략화 하자.

1. min ← list[0]
   ※ or min ← sys.maxsize

2. for each i in list

3. if i 〈 min, then min ← i

4. print min

의사코드를 이용하여 작성한 코드는 다음과 같다.

```
temp = [3,5,1,9,2,13,4,7,11]
import sys
min = sys.maxsize
for i in temp:
    if i 〈 min:
        min = i
print(min)
```

위 소스코드를 실행하면 최솟값이 들어 있는 min 변수가 출력된다.

5. 알고리즘 분석

같은 동작을 수행하더라도 알고리즘은 다를 수 있다. 또한 알고리즘 설계가 동일하더라도 반복문으로 for문을 쓰는 경우와 while문을 쓰는 경우가 다른 것처럼 실제 소스코드는 달라질 수 있다. 동일한 작업을 수행하는 여러 알고리즘의 성능을 비교하여 최적의 알고리즘을 찾아 적용할 필요가 있다. 따라서 알고리즘의 분석이 이루어져야 하고 다음과 같은 기준들로 평가된다.

- 정확성

- 단위 시간당 작업량(throughput)과 처리 속도(speed)

- 메모리(기억 장소) 사용량

- 단순성

- 최적성

그림 11.5 도로의 차선 수와 차량의 속력

> ※ 단위 시간당 작업량인 throughput은 도로를 지나갈 수 있는 차량의 수에 비유될 수 있고, 이는 차선의 수에 비례하여 증가한다. 반면, 작업의 처리 속도인 speed는 도로를 지나가는 차량의 속력에 비유될 수 있다.

5.1. 예제1: 1부터 100까지의 합

1부터 100까지의 합을 구하는 알고리즘을 생각해보자.

일반적인 방법

처음 숫자인 1부터 마지막 숫자인 100까지 하나씩 더한다.

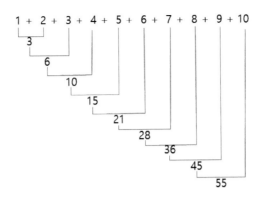

그림 11.6 1부터 10까지 더하는 일반적인 방법

가우스 합계 방법

가우스는 1부터 n까지 합을 구하라는 문제를 맨 앞과 맨 뒤 숫자를 짝으로 만들고, 그 다음 앞뒤 숫자를 짝으로 만들어 합을 계산하는 과정을 반복했다. 1부터 10까지의 합을 구하는 가우스 합계 방법은 다음 그림과 같이 나타낼 수 있다.

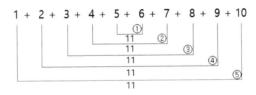

그림 11.7 1부터 10까지의 합을 계산하는 가우스 합계 방법

위 방법을 수식으로 나타내면 $11 \times 5 = \dfrac{11 \times 10}{2} \Rightarrow \dfrac{(n+1)n}{2}$ 와 같다.

따라서 가우스 합계 방법을 이용한 1부터 100까지의 합은 $\dfrac{(100+1) \times 100}{2}$ 의 계산 값이 된다.

알고리즘 비교

일반적인 방법과 가우스 합계 방법을 각각 코딩한 후, 두 알고리즘의 수행 시간을 비교하자. 이를 위해 현재 시각(단위: 초)을 반환하는 time 모듈의 time()을 이용한다. 알고리즘 시작 전에 time()을 호출하여 현재 시각을 저장해두고, 알고리즘이 모두 수행한 후 다시 현재 시각을 측정하여 이전 저장 값과의 차를 구함으로써 경과 시간을 얻는다. 시간 차이를 명확히 보기 위해서 1부터 10000까지의 합을 구하도록 코드를 작성해보자.

```
import time
sum = 0
N = 10000

start = time.time() # 시작 시각 측정
for i in range (1,N+1):
    sum = sum + i
print('일반적 방법 소요시간:',time.time()-start) # 현재시각 - 시작시각 = 지난 시간(초)
print(sum)

start = time.time() # 시작 시각 측정
sum = (N+1)*N/2
print('가우스 합 소요시간:',time.time()-start) # 현재시각 - 시작시각 = 지난 시간(초)
print(sum)
```

프로그램을 실행해보면 일반적인 알고리즘 대비 가우스 합 알고리즘의 수행 시간이 훨씬 짧음을 알 수 있다. 사실 가우스 합 알고리즘은 수 개의 연산만으로 수행되므로 거의 시간이 소요되지 않는다.

※ 매 실행 시마다 약간의 시간 차이가 날 수 있는데 이는 실행되는 시점에서의 컴퓨터 상태가 약간씩 다르기 때문이다.

```
일반적 방법 소요시간: 0.0009996891021728516
50005000
가우스 합 소요시간: 0.0
50005000

일반적 방법 소요시간: 0.0009989738464355469
50005000
가우스 합 소요시간: 0.0
50005000

일반적 방법 소요시간: 0.001008749008178711
50005000
가우스 합 소요시간: 0.0
50005000
```

5.2. 예제2: 최대공약수 구하기

일반적인 방법

일반적으로 두 수의 최대공약수를 구하기 위해서는 우선 두 수의 약수를 각각 구해야 한다. 이후, 겹치는 약수(공약수)가 있는지 확인하고 그 중 가장 큰 값을 찾는다. 최대공약수 구하는 문제를 다음의 작은 문제로 분해하고 함수화하여 코드를 작성해보자.

(1) 두 수의 약수 구하기 → factorization()

입력 인자로 받은 수(n)의 약수를 1~n까지 반복하면서 찾은 후, 약수들을 항목으로 추가한 리스트를 반환한다.

```python
def factorization(n):           # n의 약수 리스트 만들기
    f = []  # 빈 리스트 생성
    for i in range(1,n+1):      # 1~n까지 반복
        if n%i == 0:            # n의 약수 이면
            f.append(i)         # 약수 리스트에 추가
    return f
```

(2) 두 수의 약수들 간 교집합 구하기 → intersection()

두 수의 약수 리스트를 입력받아 두 리스트 모두에 속한 항목들만 항목으로 추가한 리스트를 반환한다.

```python
def intersection(a,b):          # 두 리스트(a,b)의 교집합(리스트) 만들기
    f = []  # 빈 리스트 생성
    for i in a:                 # 첫 번째 리스트의 모든 원소 하나씩 꺼내서
        if i in b:              # 두 번째 리스트에도 그 원소가 있다면
            f.append(i)         # 교집합 리스트에 추가
    return f
```

(3) 교집합 원소 중 최댓값 구하기 → findMax()

리스트를 입력받아 항목 중 최댓값을 찾아 반환한다.

```python
def findMax(a):                 # 리스트 내 원소 중 최댓값 구하기
    max = 0                     # max 변수 초기화
    for i in a:                 # 리스트 내 원소 하나씩 꺼내서
```

```
        if max < i:                    # 현재 max 값보다 꺼낸 원소가 크다면
            max = i                    # max 값 업데이트
    return max                          # max 값 반환
```

위 3개의 함수를 정의한 후, 사용자로부터 두 수를 입력받고 함수들을 호출하여 최대 공약수를 구하여 출력한다.

```
x = int(input('첫 번째 수:'))
y = int(input('두 번째 수:'))
c = intersection(factorization(x),factorization(y))
gcd = findMax(c)
print('최대공약수:',gcd)
```

임의의 수를 넣어 프로그램의 수행 결과를 확인해보자.

```
첫 번째 수:7497
두 번째 수:19278
최대공약수: 1071
```

유클리드 호제법

기원전 300년경 그리스의 수학자 유클리드가 발표한 기하학 원론에 있는 유클리드 호제법에 대해서 알아보자.

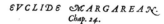

그림 11.8 유클리드의 기하학원론

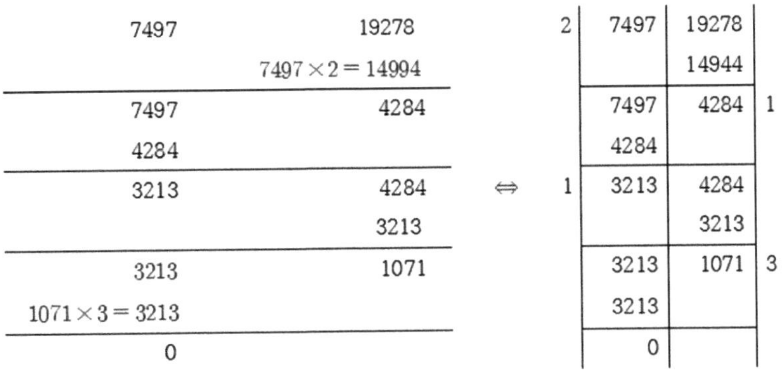

	7497		19278			2	7497	19278	
		$7497 \times 2 = 14994$						14944	
	7497		4284				7497	4284	1
	4284						4284		
	3213		4284		$\Leftrightarrow$	1	3213	4284	
			3213					3213	
	3213		1071				3213	1071	3
	$1071 \times 3 = 3213$						3213		
		0						0	

그림 11.9 유클리드 호제법

유클리드 호제법은 주어진 두 수 가운데 큰 수(x)를 작은 수(y)로 나누고, 그 나머지(r)로 다시 작은 수 (y)를 나누는 과정을 나머지가 0이 될 때까지 반복하는 방법이다. 반복이 종료되었을 때 최종 반복 단계에서 나눠진 큰 수(x)가 최대 공약수가 된다. 이를 의사코드로 작성해보자.

1. get x, y (x > y)

2. if y == 0, then GCD ← x and exit

3. r ← x % y

4. x ← y

5. y ← r

6. goto step 2

의사코드를 기반으로 소스코드를 작성한다.

```
x = int(input('첫 번째 수:'))
y = int(input('두 번째 수:'))
while y != 0:
    r = x % y
    x = y
    y = r
print('최대공약수:',x)
```

마찬가지로 임의의 수를 입력하여 수행 결과를 확인하여 보자.

```
첫 번째 수:7497
두 번째 수:19278
최대공약수: 1071
```

알고리즘 비교

일반적인 방법과 유클리드 호제법, 최대 공약수를 구하는 이 2가지 알고리즘을 수행 시간을 기준으로 비교해보자. time()을 각각의 알고리즘 수행 전후에 호출하여 경과 시간을 확인한다.

```python
def factorization(n):           # n의 약수 리스트 만들기
    f = []                      # 빈 리스트 생성
    for i in range(1,n+1):      # 1~n까지 반복
        if n%i == 0:            # n의 약수 이면
            f.append(i)         # 약수 리스트에 추가
    return f


def intersection(a,b):          # 두 리스트(a,b)의 교집합(리스트) 만들기
    f = []                      # 빈 리스트 생성
    for i in a:                 # 첫 번째 리스트의 모든 원소 하나씩 꺼내서
        if i in b:              # 두 번째 리스트에도 그 원소가 있다면
            f.append(i)         # 교집합 리스트에 추가
    return f

def findMax(a):                 # 리스트 내 원소 중 최대 값 구하기
    max = 0                     # max 변수 초기화
    for i in a:                 # 리스트 내 원소 하나씩 꺼내서
        if max < I:             # 현재 max 값보다 꺼낸 원소가 크다면
            max = i             # max 값 업데이트
    return max                  # max 값 반환

x = int(input('첫 번째 수:'))
y = int(input('두 번째 수:'))
import time
start = time.time()
c = intersection(factorization(x),factorization(y))
gcd = findMax(c)
print('일반적인 방법 수행시간:',time.time()-start,'초')
start = time.time()
while y != 0:
    r = x % y
    x = y
    y = r
print('유클리드 호제법 수행시간:',time.time()-start,'초')
print('최대공약수:',gcd)
print('최대공약수:',x)
```

유클리드 호제법을 이용한 알고리즘이 훨씬 더 짧은 수행 시간을 필요로 함을 확인할 수 있다.

```
첫 번째 수:7497
두 번째 수:19278
일반적인 방법 수행시간: 0.002000093460083008 초
유클리드 호제법 수행시간: 0.0 초
최대공약수: 1071
최대공약수: 1071

첫 번째 수:180000
두 번째 수:120000
일반적인 방법 수행시간: 0.02501511573791504 초
유클리드 호제법 수행시간: 0.0 초
최대공약수: 60000
최대공약수: 60000
```

6. 정렬(sorting) 알고리즘

정렬 알고리즘은 가장 기본적인 알고리즘으로, 원소들을 번호 순이나 사전 순서와 같이 일정한 순서대로 열거하기 위한 알고리즘이다. 흔히 온라인 쇼핑몰에서 '낮은 가격순 정렬', '인기순 정렬' 등이 이에 해당한다.

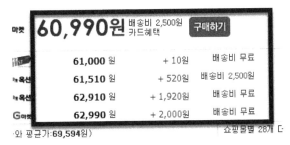

그림 11.10 온라인 쇼핑몰의 가격 기준 정렬

다음 3개의 카드가 있다. 이를 오름차순으로 정렬해보자.

오름차순이므로 작은 숫자의 카드부터 순서대로 정렬한다.

너무 쉬운 작업이지만 우리의 뇌 속에서 어떤 알고리즘이 작동하였는지 표현할 수 있을까? 조금 카드의 수를 늘려서 다시 오름차순으로 정렬해보자.

얼마나 오래 걸렸는지 체크해보자. 어떻게 정렬했는지 설명할 수 있을까? 분명히 할 수 있는 일이지만 어떤 방법으로 했는지 설명하기는 쉽지 않다. 또한 사람들마다 그 방식은 다를 수 있다.

현재까지 알려진 정렬 알고리즘은 매우 다양하다. 이와 같은 알고리즘들은 시간 복잡도(time complexity)와 공간 복잡도(space complexity)를 기준으로 분석되어 있다. 시간 복잡도는 n개의 항목을 가지는 리스트를 주었을 때 얼마만큼의 연산이 일어날지를 나타내는 지표이고, 공간 복잡도는 해당 알고리즘이 수행될 때 필요한 공간의 크기이다. 또한 'Best'는 정렬이 이미 된 상태의 리스트를 주어졌을 때, 'Worst'는 정렬이 반대로 되어 있거나 해당 알고리즘으로 정렬시키기에 매우 불리하게 정렬된 리스트가 주어졌을 때를 뜻한다.

Array Sorting Algorithms

Algorithm	Time Complexity			Space Complexity
	Best	Average	Worst	Worst
Quicksort	Ω(n log(n))	Θ(n log(n))	O(n^2)	O(log(n))
Mergesort	Ω(n log(n))	Θ(n log(n))	O(n log(n))	O(n)
Timsort	Ω(n)	Θ(n log(n))	O(n log(n))	O(n)
Heapsort	Ω(n log(n))	Θ(n log(n))	O(n log(n))	O(1)
Bubble Sort	Ω(n)	Θ(n^2)	O(n^2)	O(1)
Insertion Sort	Ω(n)	Θ(n^2)	O(n^2)	O(1)
Selection Sort	Ω(n^2)	Θ(n^2)	O(n^2)	O(1)
Tree Sort	Ω(n log(n))	Θ(n log(n))	O(n^2)	O(n)
Shell Sort	Ω(n log(n))	Θ(n(log(n))^2)	O(n(log(n))^2)	O(1)
Bucket Sort	Ω(n+k)	Θ(n+k)	O(n^2)	O(n)
Radix Sort	Ω(nk)	Θ(nk)	O(nk)	O(n+k)
Counting Sort	Ω(n+k)	Θ(n+k)	O(n+k)	O(k)
Cubesort	Ω(n)	Θ(n log(n))	O(n log(n))	O(n)

그림 11.11 다양한 정렬 알고리즘과 그 성능

파이썬에서는 리스트 객체 내 sort()라는 함수가 존재하여 정렬이 가능하다. 이 파이썬 내 sort()는 병합 정렬(merge sort)과 삽입 정렬(insertion sort)가 융합된 정렬 알고리즘으로 시간복잡도가 매우 좋은 편이다.

```
>>> t = [7,5,9,2,8]
>>> t.sort()
>>> t
[2, 5, 7, 8, 9]
```

본격적으로 정렬 알고리즘을 구현해보기에 앞서, 데이터 교환(swap)을 위한 코드 작성법을 익혀야 한다. A와 B에 저장된 값을 서로 교환하는 방법을 생각해보자.

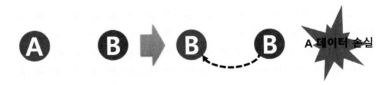

그림 11.12 데이터 교환 시 데이터 손실

B의 값을 A에 대입하면 A의 기존 값이 사라지게 된다. 따라서 A의 기존 값을 보존해둘 필요가 있다. 임시 저장소(C)를 만들어 A의 기존 값을 저장(백업)시킨 후, 데이터를 교환하면 문제가 해결된다.

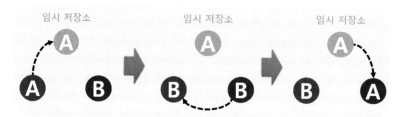

그림 11.13 임시 저장소를 활용한 데이터 교환

이와 같은 데이터 교환 코드를 작성하여 실행해보자.

```
>>> a = 3
>>> b = 5
>>> temp = a      # 임시 저장소(temp)에 a값을 백업
>>> a = b         # b값을 a에 저장
>>> b = temp      # 백업해놓았던 a값을 b에 저장
>>> print('a:',a,'b:',b)
a: 5 b: 3
```

파이썬은 다른 프로그래밍 언어들과는 달리 임시 저장소 필요 없이 동시에 대입이 가능하다. 하지만 이는 예외적인 경우라는 것을 알아두자.

```
>>> a = 3
>>> b = 5
>>> a,b = b,a
>>> print('a:',a,'b:',b)
a: 5 b: 3
```

6.1. 버블 정렬(bubble sort)

가장 기본적인 정렬 알고리즘들 중 하나로 두 인접한 원소를 반복적으로 검사하여 정렬하는 알고리즘으로 느리지만 단순하다. 마치 거품이 수면으로 올라오는 것과 같은 모습을 보이기 때문에 버블 정렬이라 명명되었다. 버블 정렬 알고리즘을 이용하여 오름차순 정렬하는 과정을 순서대로 살펴보자.

우선, 리스트의 첫 번째와 두 번째 원소를 비교하여 순서가 틀린 경우, 즉 첫 번째 원소가 두 번째 원소보다 큰 경우만 두 개의 원소를 서로 교환한다. 다음은 두 번째와 세 번째 원소, 이후에는 세 번째와 네 번째 원소, 이와 같은 방법으로 마지막 원소까지 비교 및 교환 작업을 수행한다.

그림 11.14 버블 정렬 알고리즘의 1단계 수행 모습

여기까지가 1단계로, 완료된 리스트를 살펴보면 가장 큰 원소가 리스트의 마지막 원소가 된 것을 확인할 수 있다. 따라서 이후의 정렬 작업은 마지막 원소를 제외한 나머지 원소들에 대해서 다시 1단계와 동일한 과정으로 비교 및 교환 작업을 수행한다.

그림 11.15 버블 정렬 알고리즘의 2단계 수행 모습

2단계가 종료되면 마지막 원소 2개의 정렬이 완료된 리스트를 얻을 수 있다. 모든 원소들의 정렬이 완료되려면 원소들의 개수가 n개인 경우 총 n−1단계의 비교 및 교환 작업이 필요하다. 예시로 사용한 리스트의 원소 개수가 5개이므로 총 4단계를 거쳐야 비로소 모든 원소들이 정렬된 리스트가 완성된다.

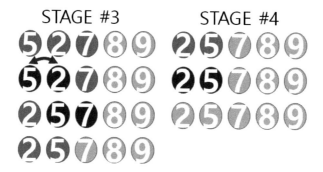

그림 11.16 버블 정렬 알고리즘의 3단계 및 4단계 수행 모습

임의의 리스트를 주고 버블 정렬 알고리즘을 단계별로 수행하는 코드를 작성해보자.

```
t = [7,5,9,2,8]                    # 리스트 선언

# stage1 (0~4)
for i in range(0,len(t)-1):        # 리스트에서 원소를 하나씩 꺼내서
    if t[i] > t[i+1]:              # 뒤 원소가 더 크면
        t[i],t[i+1] = t[i+1],t[i]  # 교환
# stage2 (0~3)
for i in range(0,len(t)-2):        # 맨 뒷 원소 제외하고 리스트에서 원소를 하나씩 꺼내서
    if t[i] > t[i+1]:              # 뒤 원소가 더 크면
        t[i],t[i+1] = t[i+1],t[i]  # 교환
# stage3 (0~2)
for i in range(0,len(t)-3):        # 맨 뒤 2개 원소 제외하고, 리스트에서 원소를 하나씩 꺼내서
    if t[i] > t[i+1]:              # 뒤 원소가 더 크면
        t[i],t[i+1] = t[i+1],t[i]  # 교환
# stage4 (0~1)
for i in range(0,len(t)-4):        # 맨 뒤 3개 원소 제외하고, 리스트에서 원소를 하나씩 꺼내서
    if t[i] > t[i+1]:              # 뒤 원소가 더 크면
        t[i],t[i+1] = t[i+1],t[i]  # 교환

print(t)                           # 정렬 결과 확인
```

※ len(리스트)는 주어진 리스트의 원소 개수를 반환한다.

위 코드를 살펴보면 반복문이 4번 반복되는 형태이므로, 4번 반복을 위한 인덱스 변수(j)를 하나 추가하여 for문으로 묶을 수 있다. 이를 통해 훨씬 간결한 코드로 버블 정렬 알고리즘의 구현이 가능하다.

```
t = [7,5,9,2,8]                          # 리스트 선언

for j in range(1,len(t)-1):              # j는 1~len(t)-1까지 반복(스테이지 번호)
    for i in range(0,len(t)-j):          # 리스트에서 원소를 하나씩 꺼내서
        if t[i] > t[i+1]:                # 뒤 원소가 더 크면
            t[i],t[i+1] = t[i+1],t[i]    # 교환

print(t)                                 # 정렬 결과 확인
```

위 프로그램을 실행한 결과이다.

```
[2, 5, 7, 8, 9]
```

6.2. 선택 정렬(selection sort)

버블 정렬과 마찬가지로 가장 기본적인 정렬 알고리즘들 중 하나로, 원소들 중 하나를 선택하여 위치를 교환하는 작업을 반복하여 수행하기 때문에 선택 정렬이라고 한다.

우선, 주어진 원소들 가운데 최솟값을 찾아 그 값을 맨 앞 원소와 교환한다.

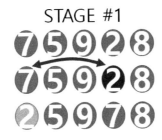

그림 11.17 선택 정렬 알고리즘의 1단계 수행 모습

1단계가 완료되면, 맨 앞 원소에는 최솟값이 들어가 있으므로 맨 앞 원소를 제외한 나머지 원소들 가운데 최솟값을 찾아 두 번째 위치의 원소와 교환한다.

그림 11.18 선택 정렬 알고리즘의 2단계 수행 모습

2단계가 완료되면, 앞 2개의 원소는 정렬이 완료된 상태가 된다. 총 n−1단계의 작업이 완료되면 n−1
개 원소들의 정렬이 완료된 상태가 되고, n개의 원소가 있는 리스트의 경우 마지막 하나의 원소만이 남
게 되므로 그대로 두면 된다. 즉, n개의 원소가 있는 리스트의 경우 n−1단계(번)의 최솟값 찾기 및 교
환 작업이 수행되면 선택 정렬 알고리즘에 의해 정렬이 완료된다.

그림 11.19 선택 정렬 알고리즘의 3단계 및 4단계 수행 모습

선택 정렬 알고리즘을 코드로 작성하기 전에, 컴퓨팅 사고의 핵심요소인 문제 분해와 추상화 요소를 적
용하여 이 문제를 최솟값 찾기 작업과 교환 작업으로 분해하여 구현할 필요가 있다. 알고리즘의 각 단
계마다 최솟값 찾을 범위가 변하므로, 이를 입력 인자로 하고 최솟값의 위치를 반환하는 최솟값 찾기
함수를 구현한다.

```
def findMin(start,end):          # start~end까지 중 최솟값 위치(인덱스) 반환
    min = t[start]               # min값을 start번째 값으로 초기화
    index = start                # min값의 위치(인덱스) 초기화
    for i in range(start+1,end+1):  # start+1번째부터 end번째까지 체크
        if min > t[i]:           # i번째 값이 min값보다 작으면
            min = t[i]           # min값 업데이트하고
            index = i            # 위치(인덱스)저장
    return index                 # min값의 위치(인덱스) 반환
```

'원소의 개수−1'만큼 반복하면서 최솟값 찾기 및 교환 작업을 수행하는 코드를 작성하자.

```
for i in range(0,len(t)-1):           # 리스트 원소 개수-1 만큼 반복
    minIndex = findMin(i,len(t)-1)    # 최솟값 위치를 찾아서
    t[i],t[minIndex] = t[minIndex],t[i]  # 교환
```

임의의 리스트를 선택 정렬 알고리즘으로 정렬한 후 그 결과 값을 출력하는 전체 코드는 다음과 같다.

```
t = [7,5,9,2,8]                      # 리스트 선언

def findMin(start,end):              # start~end까지 중 최소값 위치(인덱스) 반환
    min = t[start]                   # min값을 start번째 값으로 초기화
    index = start                    # min값의 위치(인덱스) 초기화
    for i in range(start+1,end+1):   # start+1번째부터 end번째까지 체크
        if min > t[i]:               # i번째 값이 min값보다 작으면
            min = t[i]               # min값 업데이트하고
            index = i                # 위치(인덱스)저장
    return index                     # min값의 위치(인덱스) 반환

for i in range(0,len(t)-1):          # 리스트 원소 개수-1 만큼 반복
    minIndex = findMin(i,len(t)-1)   # 최소값 위치를 찾아서
    t[i],t[minIndex] = t[minIndex],t[i]      # 교환

print(t)                             # 정렬 결과 확인
```

위 프로그램을 실행한 결과, 정렬이 완료된 리스트가 얻어지는 것을 확인할 수 있다.

```
[2, 5, 7, 8, 9]
```

7. 탐색(search) 알고리즘

탐색은 여러 개의 자료 중 원하는 자료를 찾는 작업이다. 컴퓨터가 가장 많이 하는 작업들 중 하나이기 때문에 탐색을 효율적으로 수행하는 것은 매우 중요하다. 탐색 키(search key), 즉 항목을 구별해주는 키(key)를 입력하면 해당 키에 부합하는 자료가 어디에 있는지 반환해주어야 한다. 정렬과 마찬가지로 순차 탐색(linear search), 이진 탐색(binary search), 보간 탐색(interpolation search) 등 여러 가지의 탐색 알고리즘이 있다.

7.1. 순차 탐색(a.k.a. sequential search)

가장 간단하고 직접적인 탐색 방법이다. 리스트의 처음부터 마지막까지 하나씩 검사하여 원하는 항목을 찾는다.

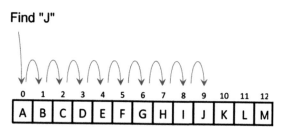

그림 11.20 순차 탐색

구현하는 방법도 매우 단순하여 반복문을 통해 리스트 내 모든 원소와 키를 비교하여 같으면 위치에 해당하는 인덱스를 반환한다.

```
t = [7,5,9,2,8]
key = int(input('key:'))     # 키 입력
pos = -1                  # 위치 변수 초기화
for i in range(len(t)):      # 처음(0)부터 마지막 항목(len(t)-1)까지
    if t[i] == key:          # 해당 키를 찾으면,
        pos = i              # 위치(인덱스) 반환
if pos == -1:    # 못 찾으면 pos는 여전히 -1
    print('해당 키 없음')
else:            # 찾으면
    print(pos,'위치에 해당 키 있음')
```

실행하여 키를 입력하여 보자.

```
key:9
2 위치에 해당 키 있음

key:1
해당 키 없음

key:7
0 위치에 해당 키 있음

key:8
4 위치에 해당 키 있음
```

7.2. 이진 탐색

이진 탐색은 시작 위치(start)와 끝 위치(end)를 설정하고, 그 중간에 위치한 값(mid)과 찾고자 하는 값(key)을 비교하면서 검색하는 범위 기반의 탐색 방법이다. 중간에 위치한 값보다 찾고자 하는 값이 더 크면 중간 위치에서 끝 위치 사이로 범위를 재설정하여 탐색한다. 반대로, 중간에 위치한 값보다 찾고자 하는 값이 더 작으면 시작 위치에서 중간 위치 사이로 범위를 재설정하여 탐색한다. **순차 탐색보다 매우 빠르지만 정렬된 데이터만 가능**하다.

아래와 같은 리스트와 키가 66이란 값으로 주어졌을 때, 이진 탐색하는 과정을 살펴보자. 탐색 범위의 시작 위치를 뜻하는 start 변수가 리스트의 첫 번째 원소를 가리키도록 하고, 마찬가지로 탐색 범위의 끝 위치를 의미하는 end 변수가 리스트의 마지막 원소를 가리키도록 한다. 그리고 start와 end의 중간 값을 mid 변수에 대입하여 중간 위치의 원소를 가리키도록 한다.

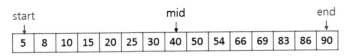

그림 11.21 주어진 리스트와 이진 탐색을 위한 시작 위치, 중간 위치, 끝 위치 설정

mid가 가리키는 중간 값은 40이고 찾으려는 key 값은 66이므로 다음 탐색 범위를 mid~end로 변경한다. 즉, start에는 mid를 대입하고 end는 그대로 둔다. start가 변경되었으므로 start와 end의 중간 값인 mid도 변경한다.

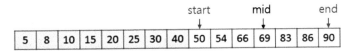

그림 11.22 이진 탐색 범위 재설정(1)

mid가 가리키는 중간 값은 69이고 찾으려는 key 값은 66이므로 다음 탐색 범위를 start~mid로 변경한다. 즉, start는 그대로 두고 end에는 mid를 대입한다. end가 변경되었으므로 start와 end의 중간 값인 mid도 변경해야 한다.

그림 11.23 이진 탐색 범위 재설정(2)

mid가 가리키는 중간 값은 54이고 찾으려는 key 값은 66이므로 다음 탐색 범위를 mid~end로 변경한다. 즉, end는 그대로 두고 start에는 mid를 대입한다. start가 변경되었으므로 start와 end의 중간 값인 mid도 변경한다.

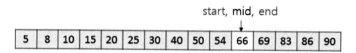

start, mid, end

| 5 | 8 | 10 | 15 | 20 | 25 | 30 | 40 | 50 | 54 | 66 | 69 | 83 | 86 | 90 |

그림 11.24 이진 탐색 종료

start가 end보다 작지 않으므로 이는 마지막 단계이다. 찾으려는 key 값이 mid가 가리키는 중간 값과 같으므로 탐색이 종료되고 해당 위치(mid)를 반환한다. 총 4번의 비교 작업 끝에 key 값을 찾을 수 있었지만, 순차 탐색 알고리즘이었다면 총 11번의 비교 작업이 필요하다.

임의의 리스트를 주고 찾으려는 키를 입력받은 후, 이진 탐색 알고리즘을 통해 탐색하는 코드를 작성해보자.

```python
t = [2,5,7,8,9]
key = int(input('key:'))            # 키 입력
pos = -1                            # 위치 변수 초기화


def binarySearch(start,end):
    mid = (start+end)//2
    if t[mid] == key:               # 중간 값이 찾고자 하는 값이면,
        return mid                  # 위치(인덱스) 반환
    elif start == end:              # 키를 찾지 못한 상태에서 마지막 스테이지까지 왔다면,
        return -1                   # -1(못 찾음) 반환
    elif t[mid] > key:              # 중간 값보다 찾고자 하는 원소가 더 작으면
        return binarySearch(start,mid-1)    # start~mid 범위에서 재 탐색
    else:                           # 중간 값보다 찾고자 하는 원소가 더 크면
        return binarySearch(mid+1,end)      # mid~end 범위에서 재탐색


pos = binarySearch(0,len(t)-1)      # 이진 탐색 시작
if pos == -1:                       # 못 찾으면 pos는 여전히 -1
    print('해당 키 없음')
else:                               # 찾으면
    print(pos,'위치에 해당 키 있음')
```

위 프로그램을 실행하여 키를 입력한 후 결과를 확인한다.

```
key:7
2 위치에 해당 키 있음

key:9
4 위치에 해당 키 있음

key:10
해당 키 없음
```

01. 삽입(insertion) 정렬을 코드로 작성해보시오.

- 의사코드 혹은 순서도를 작성한다.

- 문제 분해 및 추상화한다.

01. 팀 프로젝트의 최종 주제 구현하기

- 팀원별 코드를 통합하고 최적화한다.

- 기능 추가(고도화) 및 완성도를 높인다.

학습목표

- 막대그래프 및 산점도를 그리는 방법에 대해 학습한다.
- 런 길이 부호화의 원리를 이해하고 실습한다.
- 인공지능에 대해 이해하고 구현한다.

1. 막대그래프 그리기

크고 작음을 한 눈에 확인하기에 막대그래프가 가장 용이하다. 여러 개의 데이터가 주어졌을 때 이를 거북이 그래픽 모듈을 이용하여 막대그래프로 그려보자. 주어진 수(크기)에 따라 크기와 색상이 다른 막대(네모)를 그리는 프로그램으로 작성한다.

```python
def drawBar(value):
    t.fillcolor(value%255,0,0)
    t.begin_fill()
    t.lt(90)
    t.fd(value)
    t.rt(90)
    t.fd(width)
    t.rt(90)
    t.fd(value)
    t.left(90)
    t.end_fill()

width = 40  # 바의 너비 설정
data = [120, 140, 160, 300, 80, 90, 250, 130]   # 입력 데이터

import turtle
win = turtle.Screen()
win.colormode(255)  # rgb 색상을 0~255로 표기
t = turtle.Turtle()
t.speed(300)
t.pencolor('red')    # 펜 색상을 빨간색으로 설정
t.up()
t.goto(-200,-200)   # 그래프 시작점으로 이동
t.down()

for i in data:
    drawBar(i)
```

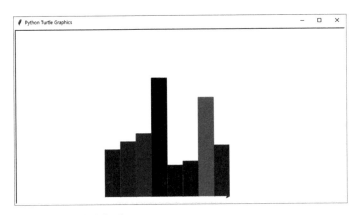

그림 12.1 거북이 그래픽을 이용하여 그린 막대그래프

이번에는 matplotlib 패키지 내 pyplot 모듈의 bar()를 사용하여 막대그래프를 그려보자. 우선, 명령 프롬프트 창에서 pip를 이용하여 matplotlib 패키지를 설치해야 한다.

```
C:\Users\HJKim>pip install matplotlib
Collecting matplotlib
  Downloading https://files.pythonhosted.org/packages/e3/05/1a39045fbdc6a4f04985
72c1ce95ccc37b9b8204271c0c4604af45bd926e/matplotlib-3.1.2-cp38-cp38-win32.whl (8
.9MB)
```

그림 12.2 matplotlib 패키지의 설치

이제 bar()를 호출하여 막대그래프를 그려보자. 단, 리스트로 주어진 데이터는 모두 크기 값으로 그래 프의 y축에 해당하는 값들이다. 따라서 x축의 값들을 임시로 range()를 통해 만들어 입력 인자로 넣어 준다. 이때, range()를 통해 생성된 리스트는 y축에 해당하는 주어진 데이터 개수와 같은 개수의 항목 을 가져야 한다.

```
data = [120, 140, 160, 300, 80, 90, 250, 130]    # 입력 데이터
import matplotlib.pyplot as plt
x=range(len(data))
plt.bar(x,data)
plt.show()
```

※ 'as'를 통해 모듈을 참조할 때 이름을 줄여서 부를 수 있다. 예를 들어 'import matplotlib.pyplot as plt'를 입력함으로써

matplotlib.pyplot.bar()를 plt.bar()라고 줄여서 호출할 수 있다.

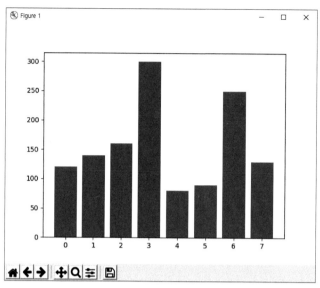

그림 12.3 pyplot 모듈을 이용한 막대그래프

2. 산점도(scatter plot) 그리기

산점도는 직교 좌표계를 이용하여 두 개 변수 간의 관계를 나타내는 방법으로 수집한 데이터를 통해 수학적 모델을 얻는데 사용된다.

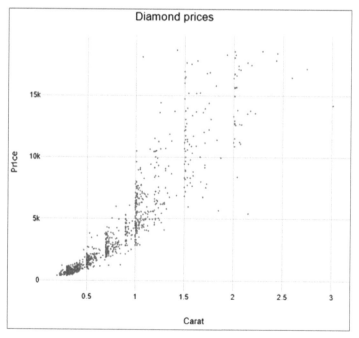

그림 12.4 다이아몬드 캐럿과 가격 산점도

matplotlib 패키지 내 pyplot모듈의 scatter()를 호출하여 산점도를 그려보자. 2차원 산점도이므로 2차원 상의 임의의 점을 100개 생성하여 scatter()의 입력 인자로 넣어준다.

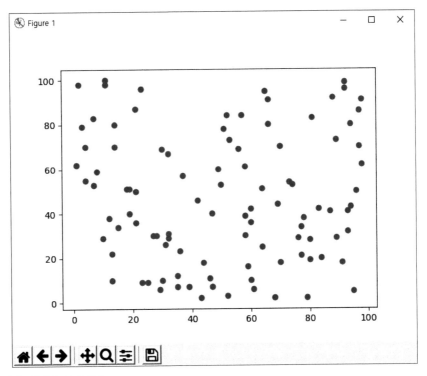

그림 12.5 임의로 생성된 100개의 점

```python
import matplotlib.pyplot as plt
import random

x=[]    # x좌표 빈 리스트 생성
y=[]    # y좌표 빈 리스트 생성

for i in range(100):    # 100번 반복
    x.append(random.randint(1,100))  # 임의의 수 생성하여 x좌표 리스트에 추가
    y.append(random.randint(1,100))  # 임의의 수 생성하여 y좌표 리스트에 추가

plt.scatter(x,y)
plt.show()
```

난수로 생성된 100개의 좌표가 산점도로 나타난다.

scatter()의 입력 인자를 추가하여 색상, 투명도, 크기 등 다양한 표현이 가능하다.

```python
import matplotlib.pyplot as plt
import random

x=[]    # x좌표 빈 리스트 생성
y=[]    # y좌표 빈 리스트 생성

for i in range(100):    # 100번 반복
    x.append(random.randint(1,100))         # 임의의 수 생성하여 x좌표 리스트에 추가
    y.append(random.randint(1,100))         # 임의의 수 생성하여 y좌표 리스트에 추가

#plt.scatter(x,y)
#plt.show()

color=[]        # 색상 빈 리스트 생성(색상도 다양하게)
area=[]         # 크기 빈 리스트 생성(크기도 다양하게)

import math

for i in range(100):        # 100번 반복
    color.append(random.randint(1,100))     # 임의의 색상을 색상 리스트에 추가
    area.append(math.pi*(random.randint(1,30))**2)  # 임의의 수를 넓이 리스트에 추가

plt.scatter(x,y,s=area,c=color,alpha=0.3)       # alpha는 투명도
plt.show()
```

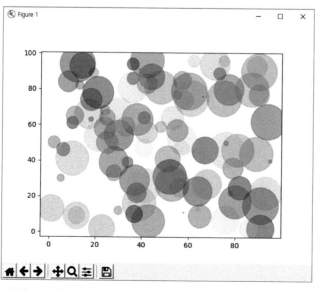

그림 12.6 다양한 표현이 가능한 scatter()

막대그래프, 산점도 외에 matplotlib 패키지 내 pyplot[26] 모듈은 다양한 그래프를 지원한다.

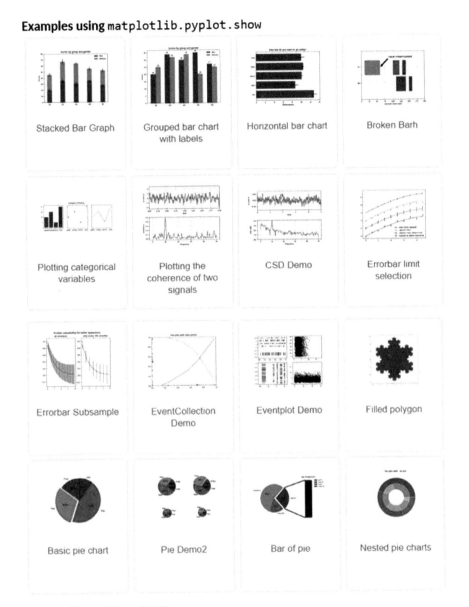

그림 12.7 pyplot이 지원하는 다양한 그래프 종류

---

26 https://matplotlib.org/api/_as_gen/matplotlib.pyplot.show.html#matplotlib.pyplot.show

3. 런 길이 부호화(Run Length Encoding, RLE)

런 길이 부호화는 간단한 비 손실 압축 방법으로 데이터에서 같은 값이 연속해서 나타나는 것을 그 개수와 값으로 표현하는 방법이다. 아래의 예시는 런 길이 부호화를 통해 11개의 문자가 6개의 문자로 압축되어 45%의 압축률을 보여주는 모습이다.

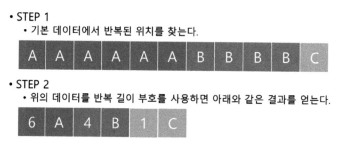

그림 12.8 런 길이 인코딩의 원리

단순한 방법이지만 이미지에서 한 픽셀과 근처 픽셀의 색상차가 없는 경우가 많고, 배경 이미지의 경우 연속된 이미지 간 색상차가 없는 경우가 발생하기 때문에 이미지 파일에 대한 압축 효과가 크다. 반면, 문서 파일 압축에는 부적합하다. 한 예로 'This is a pen.'이라는 문장은 '1T1h1i1s1 1i1s1 1a1 1p1e1n1.'과 같이 부호화되어 오히려 데이터가 커지게 된다.

런 길이 부호화를 수행하는 함수를 만들어 입력 문자열을 압축하는 프로그램을 작성해보자.

```
def RLE(s):                                # Run Length Encoding 함수
    result = ''                            # 빈 문자열 생성
    size = len(s)                          # 입력 받은 문자열 길이
    i = 1
    count = 1
    while i < size:                        # 입력 문자열 끝까지 반복
        if s[i] == s[i-1]:
            count = count + 1              # 해당 문자 반복 횟수 증가
        else:
            result = result + str(count) + s[i-1]       # 반복 횟수와 문자를 결과 문자열에 반영
            count = 1                                    # 문자 반복 횟수(count) 초기화
        i = i + 1
    result = result + str(count) + s[i-1]       # 마지막 문자에 대한 반복 횟수와 문자를 결과 문자열에 반영
    return result

inputStr = input('입력 문자열:')
print('RLE 압축 결과:',RLE(inputStr))
```

위 프로그램을 실행하여 임의의 문자열을 입력하고 압축 결과를 확인하자.

```
= RESTART: C:/Python/[Week14]런길이엔코딩.py
입력 문자열 :BBBBMMMWWWWWRRGGGGGBBBBBBBWW
RLE 압축 결과: 4B3M5W2R5G7B2W
```

4. Tic-Tac-Toe 게임

그림 12.9 Tic-Tac-Toe 게임

Tic-Tac-Toe 게임은 유아들을 위한 게임으로 오목과 유사하다. 번갈아가며 'o'또는 'x'를 표기하고, 가로나 세로, 혹은 대각선으로 동일한 표기를 한 사람이 승리하는 규칙을 가지고 있다. 컴퓨터와 할 수 있는 Tic-Tac-Toe 게임을 만들어보자. 사용자는 'x', 컴퓨터는 'o'로 표기한다.

우선 보드 판을 그리는 함수가 필요하다. 매 턴마다 보드 판을 그려주어야 한다. 총 9칸이 필요하므로 9개의 항목을 가지는 리스트를 만들면 되지만, 인덱스가 0부터 시작하여 가독성이 떨어지므로 인덱스가 0인 첫 번째 항목은 비워둔 채로 10개의 항목으로 구성된 리스트를 이용하여 게임을 수행하도록 하자.

1	2	3
4	5	6
7	8	9

그림 12.10 Tic-Tac-Toe 보드 판

```
def drawBoard():
    print('———————')
    print(' '+b[1]+'|'+b[2]+'|'+b[3])
    print('———————')
    print(' '+b[4]+'|'+b[5]+'|'+b[6])
    print('———————')
    print(' '+b[7]+'|'+b[8]+'|'+b[9])
    print('———————')
```

또한, 승부를 확인할 수 있는 함수가 필요하다. 이 함수를 통해 매 턴마다 승부가 났는지 체크하여 승부가 난 경우 게임을 종료해야 한다. 그리고 컴퓨터의 인공지능을 구현할 때 어느 곳에 표기하여야 승리할 수 있는지 혹은 패배를 면할 수 있는지 체크해야 한다.

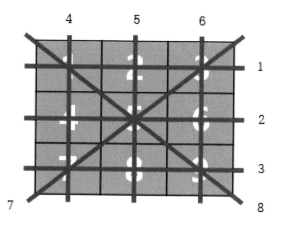

그림 12.11 Tic-Tac-Toe 게임에서 승리하는 8가지 경우

```
def checkForWin(c):   # c문자를 기호로 하는 사용자가 이겼는지 확인
    if ((b[1]==c and b[2]==c and b[3]==c) or       # 첫째행 직선
        (b[4]==c and b[5]==c and b[6]==c) or       # 둘째행 직선
        (b[7]==c and b[8]==c and b[9]==c) or       # 셋째행 직선
        (b[1]==c and b[4]==c and b[7]==c) or       # 첫째열 직선
        (b[2]==c and b[5]==c and b[8]==c) or       # 둘째열 직선
        (b[3]==c and b[6]==c and b[9]==c) or       # 셋째열 직선
        (b[1]==c and b[5]==c and b[9]==c) or       # 왼쪽위-오른쪽아래 대각선
        (b[3]==c and b[5]==c and b[7]==c)):        # 오른쪽위-왼쪽아래 대각선
        return True
    else:
        return False
```

승부뿐만 아니라 무승부인지도 체크해야 한다. 모든 칸이 채워졌다면 무승부가 된다.

```
def checkForDraw():          # 무승부 체크
    for i in range(1,10):    # 1~9까지 반복
        if isFree(i):        # 한 칸이라도 남아있다면
            return False     # 무승부 아님
    return True              # 무승부
```

이제 사용자가 수를 두는 것을 생각하여 코드를 작성해보자. 사용자로부터 표기할 위치를 입력받은 후, 그 위치가 비어있는지 체크하여 비어있으면 표기한다. 이를 위해서 해당 위치가 비어있는지 확인하는 함수도 필요하다.

```
def isFree(i):               # i번째 칸이 비었는지 검사
    return b[i]==' '


def userTurn():              # 사용자 차례에서 입력 받기
    loc = int(input('당신의 수는?(1~9):'))
    while isFree(loc)==False:  # 입력 받은 칸에 이미 표기가 되어 있다면 반복
        loc = int(input('당신의 수는?(1~9):'))
    return loc
```

가장 중요한 컴퓨터의 수를 두는 부분을 구현하자. 컴퓨터의 인공지능이 뛰어날수록 이기기 어려워진다. 수를 둘 때 가장 먼저 생각해야 할 것은 무엇일까? 이번 한 수를 통해 이길 수 있다면 그 수에 두어야 할 것이다. 하지만 그렇지 않다면, 이번에 막지 못할 경우 다음 턴에 지는 곳이 있는지 확인하여야 한다. 둘 다 아니라면, 이기는 확률을 높이기 위해 빈 위치에 표기를 한다. 빈 위치 중에서도 이길 확률이 높아지는 곳에 두어야 한다.

```
def comTurn():               # 컴퓨터 차례
# 이번 턴에 이길 수 있다면 그 수에 놓기(공격)
    for i in range(1,10):    # 1~9까지 체크
        if isFree(i):        # i번째 칸이 비었다면,
            b[i] = 'O'        # i번째 칸에 표시하여
            if checkForWin('O'):  # 이긴다면, 그 곳에 두기
                return i
            else:            # 그렇지 않다면,
                b[i] = ' '    # i번째 칸 초기화

# 이번 턴에 이길 수 없다면 막기(수비)
    for i in range(1,10):    # 1~9까지 체크
```

```
        if isFree(i):                       # i번째 칸이 비었다면,
            b[i] = 'X'                       # 사용자가 i번째 칸에 표시하는 경우
            if checkForWin('X'):             # 사용자가 이긴다면,
                return i                     # 막음
            else:
                b[i] = ' '                   # 아니라면, 초기화

# 이번 턴에 승부가 나지 않는다면 승부 초기이므로, 좋은 위치 선점
    if isFree(5):                            # 중앙 칸이 비었다면 선점
        return 5

    for i in [1,3,5,7]:                      # 대각 칸이
        if isFree(i):                        # 비었다면,
            return i                         # 선점

    for i in [2,4,6,8]:                      # 나머지 칸이
        if isFree(i):                        # 비었다면,
            return i                         # 선점
```

필요한 함수 정의가 완료되었으므로 이제 게임을 시작하는 메시지를 출력하고 선공을 정하자.

```
print('Welcome to Tic Tac Toe Game!!')
b=[' ',' ',' ',' ',' ',' ',' ',' ',' ',' ']   # 10개 문자를 가지는 리스트 생성
import random
rand = random.randint(0,1)                     # 무작위로 선공 정하기 0이면 사용자, 1이면 컴퓨터
if rand == 0:
    turn = 'X'
else:
    turn = 'O'
```

선공도 정해졌으니 게임을 진행하여 승부가 나거나 무승부가 될 때까지 번갈아 가며 Tic-Tac-Toe 보드 판에 반복하여 표기를 한다.

```
while True:
    drawBoard()                              # 보드 그리기
    if turn == 'X':                          # 사용자 턴
        b[userTurn()] = 'X'                  # 사용자 표기
    else:   # 컴퓨터 턴
        b[comTurn()] = 'O'                   # 컴퓨터 표기

    if checkForWin(turn):                    # 승부가 났다면,
```

```
        drawBoard()
        print(turn+' Win')                    # 승부 메시지 출력 후
        break                                 # 종료
    else:
        if checkForDraw():                    # 무승부라면,
            drawBoard()
            print('Draw')                     # 무승부 메시지 출력 후
            break                             # 종료
        else:
            if turn == 'X': turn = 'O'
            else: turn = 'X'
```

위 프로그램을 실행하여 컴퓨터와 게임을 진행해보자.

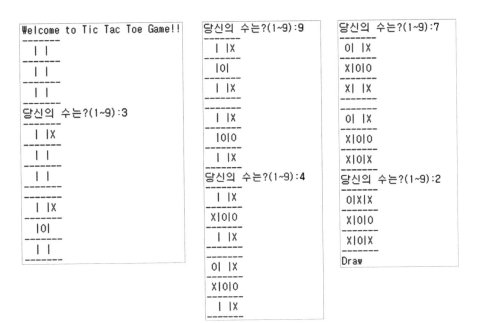

그림 12.12 Tic-Tac-Toe 게임의 실행

5. 퍼셉트론(perceptron)

퍼셉트론은 **인공 신경망(Artificial Neural Network)**을 사용한 **선형 분류기(linear classifier)**이다. 반복된 학습을 통해 객체를 분류할 수 있는 모델, 즉 식을 만든다. 분류가 잘 이루어지기 위해서는 퍼셉트론 입력이 적절해야 한다. 그 예를 살펴보자.

- 개와 고양이를 구분할 수 있는 특징: 크기, 길들임 등

- 사과와 배를 구분할 수 있는 특징: 지름, 당도, 수분 함량 등

- 꽃을 구분할 수 있는 특징: 꽃잎의 수, 길이, 폭 등

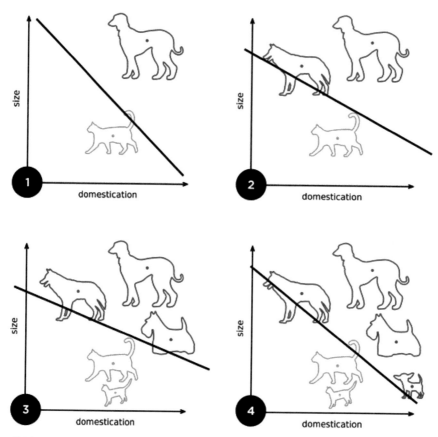

그림 12.13 학습을 통한 개와 고양이의 분류

학습 데이터가 늘어남에 따라 개와 고양이를 구분하는 모델(직선 방정식)이 달라지는 것을 볼 수 있다.

퍼셉트론은 다음과 같은 수식으로 표현되는데 여기서 x는 입력 벡터이고, w는 가중치 벡터, b는 바이어스이다.

$$f(\vec{x}) = \begin{cases} 1 & if \ \overset{\text{가중치}}{\vec{x} \cdot \vec{w}} + \overset{\text{bias}}{b} > 0 \\ 0 & otherwise \end{cases} \qquad (12.1)$$

만약 분류의 기준이 될 특성이 2개이고, 그것이 키와 몸무게라면 x벡터는 다음과 같은 2차원 벡터가 된다.

$$\vec{x} = \begin{bmatrix} height \\ weight \end{bmatrix} \tag{12.2}$$

각 특성에 대한 가중치를 달리하기 위한 가중치 벡터인 w는 다음과 같이 나타낼 수 있다.

$$\vec{w} = \begin{bmatrix} w_{height} \\ w_{weight} \end{bmatrix} \tag{12.3}$$

따라서 퍼셉트론에 포함되어 있는 두 벡터의 내적은

$$\vec{x} \cdot \vec{w} = \begin{bmatrix} height \\ weight \end{bmatrix} \cdot \begin{bmatrix} w_{height} \\ w_{weight} \end{bmatrix} = height \times w_{height} + weight \times w_{weight} \tag{12.4}$$

와 같다. 퍼셉트론 모델(12.1)에서 볼 수 있듯이 (12.4)의 계산 값에 바이어스(b)를 더한 값이 0보다 큰 경우 1을 반환하고, 그렇지 않은 경우 0을 반환한다. 예를 들어, 비만인 사람들과 그렇지 않은 사람들의 키와 몸무게를 (12.1)에 대입하여 1이 반환되면 비만, 0이 반환되면 정상으로 분류한다.

이처럼 분류가 잘 이루어지기 위해서는 수많은 데이터를 입력하여 가중치 벡터를 잘 설정해야 하는데 이를 '학습(learning)'이라고 한다. 학습 단계는 다음과 같이 이루어진다.

1. 가중치와 바이어스를 초기화한다. 가중치는 0부터 1사이의 실수, 바이어스는 −1이나 1, 학습률(η)은 0에 가까운 실수로 초기 값을 대입한다. 바이어스로 주어진 숫자가 클수록 퍼셉트론의 출력이 1이 되기 쉽고 작을수록 0이 되기 쉽다.

2. 학습을 통해 새로운 가중치를 계산한다. 입력과 그 입력에 대한 결과, 즉 학습 데이터가 필요하다. 예를 들어 키와 몸무게에 따른 비만 유무, 크기와 길들임 정도에 따른 개와 고양이를 '학습 데이터'라고 한다.

$$\underset{\text{새로운 가중치}}{w_{n+1}} = w_n + \underset{\text{학습률}}{\eta} x_i (t - \underset{\text{목표값}}{y}) \tag{12.5}$$

3. 각 학습 데이터에 대한 오차가 일정 값 이하일 때까지 반복하거나 일정 횟수만큼 학습을 반복한다.

5.1. 예제: OR 연산

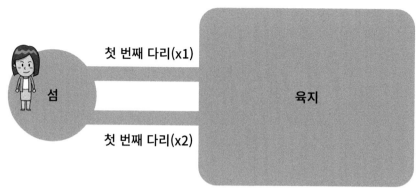

그림 12.14 OR 연산의 동작

한 사람이 섬에 살고 있고 섬을 탈출(y)할 수 있는 다리는 2개(x1, x2)가 있다고 가정하자. 탈출에 성공하는 경우는 y값이 1이 되고, 탈출하지 못하는 경우는 y값이 0이 된다. 또한 다리가 연결되면 1, 끊어지면 0이다. 사람이 탈출할 수 있는 경우는 첫 번째 다리가 연결되어 있거나, 두 번째 다리가 연결되어 있으면 된다. 이를 'y = x1 OR x2'라고 표현한다.

다음은 OR 연산의 입력과 출력을 표로 정리한 것이다.

표 12.1 OR 논리의 입출력 관계(진리표, truth table)

x1	x2	y (x1 OR x2)
0	0	0
0	1	1
1	0	1
1	1	1

위 표에 나와 있는 4가지 경우에 대한 학습 데이터를 이용하여 OR 논리를 학습시켜보자. 퍼셉트론의 학습 단계를 참고하여 프로그램을 작성한다. 우선, OR논리의 입력과 출력 쌍으로 이루어진 학습 데이터를 넣는 작업이 필요하다.

```
''' input data '''
x1 = [0, 0, 1, 1]          # 첫 번째 입력
x2 = [0, 1, 0, 1]          # 두 번째 입력
y = [0, 1, 1, 1]           # 입력들의 OR 연산결과
```

그리고 가중치와 바이어스를 초기화하고, 학습률도 0과 1사이의 작은 임의의 실수로 초기화한다. 가중치는 퍼셉트론의 입력이 2개이므로 2개의 항목을 가지는 리스트로 정의한다.

```
w = [0, 0]          # 가중치 초기화
b = -1              # 바이어스 초기화
eta = 0.01          # 학습률 초기화
```

이제 퍼셉트론 수식(12.1)과 새로운 가중치 계산식(12.5)을 참고하여 일정 횟수만큼 반복하는 학습을 통해 퍼셉트론 모델을 만든다. 즉, 적절한 가중치를 찾는다.

```
for j in range(100):                        # 반복하여 학습시키기
    for i in range(len(x1)):                # 학습 데이터 수만큼 반복
        f = w[0]*x1[i]+w[1]*x2[i]+b         # 퍼셉트론 모델
        w[0] = w[0] + eta*x1[i]*(y[i]-f)    # 새로운 가중치 계산
        w[1] = w[1] + eta*x2[i]*(y[i]-f)
```

학습된 결과인 퍼셉트론 모델을 출력해보자.

```
print(str(w[0])+'*x1+'+str(w[1])+'x2+'+str(b))
```

출력 결과는 다음과 같다.

```
1.2643521931847719*x1+1.2643521931847719x2+-1
```

학습을 통해 만들어진 퍼셉트론이 잘 만들어졌는지 데이터를 입력하여 확인해보자.

```
for i in range(4):
    output = w[0]*x1[i]+w[1]*x2[i]+b
    if output > 0: output = 1
    else: output = 0
    print('input: ',x1[i],x2[i],'=> output: ',output)
```

2개의 입력으로 만들 수 있는 4가지 경우의 입력을 퍼셉트론에 넣어서 OR논리에 따른 결과가 잘 출력되므로, 해당 퍼셉트론이 OR논리에 대한 학습이 되었음을 알 수 있다.

```
input:  0 0 => output:  0
input:  0 1 => output:  1
input:  1 0 => output:  1
input:  1 1 => output:  1
```

01. 시중에서 판매하는 사과와 배를 퍼셉트론을 이용하여 분류해보시오.

- 사과와 배 여러 개의 지름과 무게를 측정하여 산점도를 그린다.

- 사과와 배 여러 개의 지름과 무게를 이용한 퍼셉트론 학습한다.

- 사과나 배 중 임의의 과일을 선택하여 지름과 무게를 입력한 후 제대로 분류되는지 확인한다.

01. 팀 프로젝트의 최종 주제 발표(테스트 하기)하기

- 구현한 팀 프로젝트를 시연한다.

- 피드백을 통한 개선안을 마련한다.

찾·아·보·기

기호·번호

<=	82
<	82
==	81
!=	81
>=	82
>	81
4차 산업혁명	2
8진수	83
16진수	83

A – B

abstraction	168
addshape()	25
and	85
append()	104
arithmetic operator	39
arrow	23
Artificial Neural Network	227
ASCII Code	82
backward	26
backward()	30
bar()	217
begin_fill()	56
bgcolor()	52
BGM	118
bk	26
brainstorming	146
bubble sort	204

C

character	90
checkButton()	129
circle	23
circle()	57
classic	23
click	123
close()	109
comments	36
Computational Thinking	2
constant	36

D

debugger	14
decimal	83
decomposition	163
define	2
Design Thinking	2
Design Thinking	142
drag	123
drawButton()	129
drawRectangle()	129

E

editor	14
elif	83
else	83
empathize	2
encoding	82
end_fill()	56
event handler	122
expression	39

F

factorial	174
False	81
fd	26
Fibonacci	175
fillcolor()	56
float()	41
flow chart	187
for문	89
forward	26
forward()	30
Frame	136

G – H

GIF 파일	25
goto(x,y)	31
Guido van Rossum	4
Havard Business Review	142
heading()	31
hexadecimal	83
home	31

I

ideate	2
IDLE	14
IEEE	4
Import	22
import	66
import	76
indentation	13
Indentation	63
index	103
init()	129
input()	40
input()	42
int()	41
int()	115
interpreter	14
iteration	87

L – N

left	26
left()	30
linear classifier	227
logical operator	85
Logo	20
loop	87
lt	26
matplotlib	217
max	106
method	21
min	106
mindmapping	146
not	85
NumPy	183

O

object	20
octal number	83
onclick()	124
ondrag()	124
onkey()	125

onkeypress()	125
onkeyrelease()	125
onrelease()	124
open()	109
operand	39
operator	39
or	85
OR 연산	230
OS	23

P

parameter	64
Pattern Recognition	176
pencolor()	49
pendown()	33
pensize()	48
penthicker	64
penthinner	64
penup()	33
perceptron	227
pi	42
Pillow	181
playsound 모듈	118
pos()	31
problem	156
procedural 프로그래밍	75
procedure	75
prototyping	2
prototyping	146
prototyping	147
pseudo code	187
PyCharm	14
pygame	182

R

radius	42
randint()	96
random number	96
range()	90
range()	103
RATH	8

read()	111
readline()	111
readlines()	111
rectangles	107
recursion	172
recursive call	172
Recursive Function	172
relation operator	81
release	123
requests	181
return	64
re-usability	13
RGB	53
righ	26
right()	30
RLE	222
rt	26

S

scatter plot	218
SciPy	183
scrapy	181
Screen	20
Screen()	67
seek()	112
selection sort	207
setheading(degree)	31
shape()	22
shape()	25
shapesize()	47
shell	12
size	67
sketching	146
sorting	201
source code	13
space	13
split	114
square	23
stamp()	47
str()	41
str	115

string	41
syntax	4
syntax	187
system()	118
Systems Thinking	2

T

tab	64
target	67
test	2
thread	132
Tic-Tac-Toe 게임	223
Tim Brown	142
Tk 색상 사양	49
triangle	23
True	81
turn()	126
Turtle	20
turtle	23
Turtle()	67
Turtle 객체	22
turtle 모듈	25
turtle. Turtle()	37

V - Y

variable	36
Visual Studio	14
while문	88
write()	120
x좌표	26
y좌표	26

ㄱ

가독성	77
가우스 합계	195
가위바위보 게임	98
객체	21
객체	22
거북이	20
거북이 그래픽	20
공백	13
관계 연산자	81
관찰하기	144
귀도 반 로섬	4
깊이 공감하기	3

ㄴ

난수	96
내장 플레이어	118
논리 연산자	85

ㄷ

대화하기	144
대화형 모드	11
동작	21
드래그	123
들여쓰기	13
들여쓰기	63
들여쓰기	88
등차수열	174
디버거	14
디자인 방법론	2
디자인 사고	2
디자인 사고	142

ㄹ

런 길이 부호화	222
리스트	102
릴리즈	123

ㅁ

마우스 관련 이벤트	123
마인드매핑	146
막대그래프	216
메소드	21
명령	21
명령어 묶음	62
명령 호출	22
모듈	22
모션 구현	136
문법	4
문자열	41
문자열 변화	115
문자열 분리	114
문제	156
문제 분해	2
문제의 분석	150
문제 정의하기	3
문제 정의하기	143
미로 탈출 게임	128

ㅂ

반복 구조	80
반복문	87
배경 그림 변경	29
배경 윈도우	20
버블 정렬	204
변수	36
변환	82
보고 듣기	144
분해	163
브레인스토밍	146
비트맵	20

ㅅ

산술 연산자	39
산점도	218
상수	36
상태	21

색상 문자열	49
선택 구조	80
선택 정렬	207
소괄호	63
소스코드	13
수식	39
순서도	187
순차 구조	80
순차 탐색	209
순환 호출	172
스케칭	146
스크립트	15
스크립트 모드	11
스파이럴	104
시모어 오브리 페퍼트	20
시스템 사고	2
시제품	147
식별자	22
십진수	83
쓰레드	132

ㅇ

아스키 코드	82
아이디어 구현	143
아이디어 실행	143
아이디어 찾기	3
아이디어 찾기	143
알고리즘	2
알고리즘	150
알고리즘	186
알고리즘 분석	194
여러 개의 네모	106
여러 줄 주석	36
연산자	39
운영체제	23
유클리드	198
윤년	86
의사코드	187
이동	26
이미지 크기	24
이벤트 기반 프로그래밍	122
이벤트 핸들러	122

이진 탐색	211
이해하고 공감하기	143
인덱스	103
인덱스 변수	88
인코딩	82
인터프리터	14
인터프리터	15
입력 인자	73

ㅈ

자동화	150
자료 표현	2
자음 그리기	43
작업 디렉터리	23
재귀	172
재귀 함수	172
재사용성	13
전체 코드	76
정렬	201
정수 변환	115
제목 변경	29
조건문	83
주석	36
중복되는 코드	93

ㅊ

초기화	88
최댓값	104
최솟값	104
최적화된 규칙	186
추상화	2
추상화	150
추상화	168

ㅋ

컴파일러	15
컴퓨팅 사고	2
콜론(:)	63
콤마	22
콤마	102

크기 반환 29
크기 설정 29
클릭 123

ㅌ

탐색 알고리즘 209
통합개발환경 14
팀 브라운 142

ㅍ

파라미터 64
파이썬 개발환경 8
파이썬 쉘 12
파이썬 인터프리터 11
파일 닫기 109
파일 쓰기 110
파일 열기 109
파일 읽기 111
파일 입출력 108
파일 탐색기 8
파일 포인터 112
패턴 인식 2
패턴 인식 150
패턴 인식 176
팩토리얼 174
퍼셉트론 227
펜 굵기 변경 48
편집기 14
평균 점수 43
평균 점수 104
프레임 136
프로그래밍 문법 187
프로그램 설계 150
프로시저 73
프로토타이핑 2
프로토타이핑 3
프로토타이핑 146
피보나치 수열 175
피연산자 39
픽셀 38

ㅎ

한 줄 주석 36
함수 22
함수 62
함수 연산자 63
함수화 69
함수화 93
해상도 24
행동 21
현장 테스트 3
환경 변수 8
회전 26
효율적인 코드 62

김홍준

2004년 한국과학기술원(KAIST) 전자전산학과 학사 학위 취득

2007년 한국과학기술원(KAIST) 전자전산학과 전기및전자공학전공 석사 학위 취득

2014년 한국과학기술원(KAIST) 전기및전자공학과 박사 학위 취득

2014~2015년 삼성전자 생활가전사업부 S/W Lab. 책임연구원

2012~2013년 IEEE 학생회원

2014년~ IEEE 정회원

2017년~2018년 한국정보과학회 충청지부 이사

2015년~ 대전대학교 컴퓨터공학과 조교수

파이썬으로 배우는 소프트웨어 디자인

디자인 사고 및 컴퓨팅 사고의 이해와 응용

인   쇄 | 2020년 02월 20일
발   행 | 2020년 02월 27일

저   자 | 김홍준
발 행 인 | 채희만
출판기획 | 안성일
영   업 | 한석범, 이정희
관   리 | 이승희
편   집 | 최은지, 한혜인
발 행 처 | **INFINITY**BOOKS

주   소 | 경기도 고양시 일산동구 하늘마을로 158
          대방트리플라온 C동 209호

대표전화 | 02)302-8441
팩   스 | 02)6085-0777

도서 문의 및 A/S 지원

홈페이지 | www.infinitybooks.co.kr
이 메 일 | helloworld@infinitybooks.co.kr

I S B N | 979-11-85578-61-3
등록번호 | 제25100-2013-152호
판매정가 | 20,000원